LA BIBLE DE LA

PÂTISSERIE

LA BIBLE DE LA

PÂTISSERIE

Recettes sucrées et salées du four à la table

Bath · New York · Singapore · Hong Kong · Cologne · Delhi
Melbourne · Amsterdam · Johannesburg · Shenzhen

Copyright © Parragon Books Ltd 2012 pour l'édition française
Réalisation : InTexte, Toulouse

Couverture par Georgina Luck, www.georginaluck.com

ISBN : 978-1-4454-9090-8

Imprimé en Chine
Printed in China

Note au lecteur
Une cuillerée à soupe correspond à 15 à 20 g d'ingrédients secs et à 15 ml d'ingrédients liquides.
Une cuillerée à café correspond à 3 à 5 g d'ingrédients secs et à 5 ml d'ingrédients liquides.
Sans autre précision, le lait est entier, les œufs sont de taille moyenne et le poivre est du poivre noir fraîchement moulu.

Les temps de préparation et de cuisson des recettes pouvant varier en fonction, notamment, du four utilisé, ils sont donnés à titre indicatif. Les ingrédients facultatifs, les variantes ainsi que les suggestions de présentation ne sont pas incluses dans les temps indiqués.

La consommation des œufs crus ou peu cuits n'est pas recommandée aux enfants, aux personnes âgées, malades ou convalescentes et aux femmes enceintes. De même les femmes enceintes et les personnes souffrant d'allergies doivent éviter de consommer des cacahuètes ou des fruits à écales ainsi que les produits qui en sont dérivés. Vérifiez toujours que les ingrédients prêts à l'emploi n'en contiennent pas.

Crédits photographiques
Getty Images – page 2 : page entière 102280550 *Tourte sur une gazinière* par Rick Lew ; page 5 : page entière 72801446 *Fond de tarte et crème à la vanille, groseilles sur une écumoire* par Foodcollection ; pages 6-7 : double page 56296076 *Farine de seigle* par Teubner ; pages 8-9 : double page 89804103 *Assortiment de tourtes* par Judd Pilossof ; pages 10-11 : 10 x 15 cm 91616676 *Farine, beurre et spatule dans une jatte, gros plan, vue du dessus* par Tina Rupp ; page 12 : 7 x 18 cm 56166275 *Femme dans une cuisine*, Image Source ; page 15 : page entière 78807367 *Pile de moule à tarte avec un fond de tarte* par Fuse ; page 25 : page entière 73441922 *Emporte-pièce en forme de cœur sur un plan de travail fariné* par Foodcollection ; page 26 : 10,5 x 11 cm 90545604 *Assortiment de pains dans un panier* par Foodcollection RF ; pages 32-33 : double page 87319063 *Femme préparant un gâteau* par Image Source ; pages 70-71 : double page 102675605 *Femme tenant un moule à cupcakes* par Tara Moore ; pages 108-109 : double page 80356518 *Adolescente préparant des cookies* par Tetra Images ; pages 146-147 : double page 74353123 *Mains abaissant de la pâte* par Angie Norwood Browne ; pages 184-185 : double page 71578472 *Farine et levure pour préparer du pain* par Axel Weiss.

SOMMAIRE

Chapitre 4 : tartes et pâtisseries 146

Chapitre 5 : pains et gourmandises salées 184

Index 222

Introduction

Matériel et ustensiles

Four

Le four est déterminant en pâtisserie. Vérifier régulièrement la précision du thermostat à l'aide d'un thermomètre de cuisson. Préchauffer le four 10 à 15 minutes avant utilisation. Avec un four à chaleur tournante, plus puissant qu'un four conventionnel, réduire le temps de cuisson de 5 à 10 minutes par heure, ou réduire la température de 10 à 20 °C.

Éviter d'ouvrir le four en début de cuisson, cela ferait retomber la pâte sous l'effet d'une brusque entrée d'air froid.

Balance de cuisine

Si les chefs dosent parfois les ingrédients sans les peser, la balance de cuisine est indispensable au pâtissier amateur. Tous les types de balances se valent, à condition de les utiliser correctement. Installer la balance sur un plan de travail bien horizontal et peser tous les ingrédients séparément.

Verre doseur

Préférer un modèle en verre résistant à la chaleur ou en plastique transparent, plus résistant et facile à nettoyer. Les modèles métalliques ou en céramique ont pour inconvénient d'être opaques, et donc moins pratiques. Opter pour un modèle à large bec verseur et aux graduations bien lisibles. Poser le verre doseur sur un plan horizontal, à hauteur d'œil, pour un dosage précis des ingrédients liquides.

Cuillères à mesurer

Utiliser des cuillères à mesurer calibrées, plutôt que des cuillères à soupe et des petites cuillères ordinaires, de tailles variables selon les modèles. À moins d'une mention particulière, toute indication de mesure d'un ingrédient fait référence à une cuillère rase. Faire glisser le plat de la lame d'un couteau sur la cuillère pour égaliser le niveau d'un ingrédient sec.

Batteur électrique/robot de cuisine

Utiliser un batteur électrique à plusieurs vitesses pour lier, fouetter, malaxer et pétrir. Pour plus de polyvalence et de puissance, préférer un batteur électrique avec pied support et bol mélangeur de grande capacité. Un robot de cuisine permet de battre, lier, malaxer et pétrir, en plus de bien d'autres choses. Choisir un modèle à moteur puissant, plus durable. En pâtisserie, éviter de travailler trop longtemps un appareil au batteur électrique ou au robot de cuisine, cela rendrait la préparation trop compacte. Le robot de cuisine est inadapté à la réalisation d'un appareil à meringue, car le bol mélangeur n'emprisonne pas assez d'air pour donner du volume à la préparation.

Cuillères

Utiliser une cuillère en bois pour blanchir et malaxer une préparation. Réserver une cuillère à cet usage, sachant que le bois s'imprègne facilement de la saveur d'aliments à l'odeur prononcée, comme l'oignon, et risque de contaminer des préparations délicates. Les modèles en nylon thermorésistant ou en mélamine sont plus durables et moins absorbants que le bois. Utiliser une grande cuillère métallique pour incorporer les ingrédients.

Spatules

Utiliser une spatule souple, ou Maryse, en caoutchouc ou en silicone, pour remuer ou détacher une préparation des parois d'un bol mélangeur. Certains modèles, à lame en forme de cuillère, facilitent le transfert des préparations d'un bol mélangeur à un moule.

Bols et jattes

Pour bien débuter, sélectionner un assortiment de différentes contenances. Privilégier les bols mélangeurs et les jattes en verre trempé, durables, thermorésistants et faciles à nettoyer. Les modèles en mélamine, en polyéthylène et en céramique ont souvent un bec verseur et, pour certains, une base antidérapante.

Grille métallique

Utiliser une grille métallique pour refroidir les gâteaux uniformément et éviter toute condensation, susceptible de ramollir leur texture et de limiter leur durée de conservation. Formes et tailles varient, de la simple grille rectangulaire au modèle étagé, pratique pour refroidir plusieurs fournées de gâteaux simultanément. Pour un nettoyage plus facile, privilégier les modèles à revêtement antiadhésif.

Tamis

En acier inoxydable ou en nylon, le tamis est un ustensile indispensable pour tamiser finement les ingrédients secs. Prévoir un jeu de trois tamis de tailles différentes. Les modèles en nylon, plus resistants, supportent l'eau bouillante, mais les modèles métalliques se révèlent plus durables.

Râpe

En acier inoxydable, à quatre côtés ou plate, une râpe permet de râper sans effort citron, fromage, pomme, chocolat, noix muscade… Prévoir une râpe fine, moyenne et grossière. Certains modèles possèdent une lame tranchante.

Presse-agrumes

En plastique résistant, en métal, en verre trempé ou en céramique, un presse-agrumes facilite l'extraction du jus des agrumes. Pour obtenir un jus clair, exempt de fibres, privilégier les modèles avec filtre incorporé. Les modèles ordinaires, en bois ou en plastique, agissent en pressant l'ustensile dans le fruit coupé en deux, avec pour inconvénient de laisser passer les pépins.

Rouleau à pâtisserie

Indispensable pour abaisser les pâtes, il est aussi utilisé pour former et laisser refroidir les tuiles. Les modèles en marbre, granite oucéramique sont plus onéreux, mais leur surface lisse et froide permet d'abaisser plus facilement les préparations collantes.

Pinceau à pâtisserie

Utilisé pour graisser les moules à gâteaux, il sert aussi à l'application d'un glaçage. Il peut avoir des soies naturelles ou synthétiques, plus résistantes. Nettoyer soigneusement le pinceau après chaque utilisation.

Emporte-pièce

Pour débuter, prévoir un jeu d'emporte-pièces ronds, à bords lisses ou cannelés, de préférence métalliques. Un emporte-pièce possède un bord tranchant à la base et un bord émoussé au sommet – cela protège les doigts et rigidifie la forme.

Poche à douille

Indispensable pour créer des décors. Les modèles en nylon et tissu sont lavables et réutilisables. Les poches à douilles jetables sont plus pratiques. Prévoir un jeu d'embouts en acier inoxydable, incluant un embout stylo, un embout étoilé de petit et grand diamètre, et plusieurs embouts lisses.

Ingrédients

Farines

La farine de blé est la plus utilisée en pâtisserie. La quantité de gluten (protéines) varie selon les types de farine.

Farine blanche ordinaire Dans cette farine, le son et le germe du blé ont été retirés, avant fortification de la mouture à l'aide de nutriments. La fleur de farine (type 45) est issue de la mouture d'un blé tendre à faible teneur en gluten. Elle est idéale pour la préparation de gâteaux, tartes et biscuits. La farine de gruau (type 55), issue de la mouture d'un blé dur à teneur élevée en gluten, est utilisée pour les pains et les pâtes levées.

Farine levante Farine blanche ordinaire bénéficiant de l'ajout de levure chimique. Pour préparer sa propre farine levante, compter 2 cuillerées à café de levure chimique pour 225 g de farine blanche.

Farine complète Farine issue de la mouture grains de blé entier (type 110), à texture plus grossière et lourde que la farine blanche. Elle est déclinée en versions riche en gluten, pour la boulangerie, et pauvre en gluten, pour la préparation de gâteaux et de tartes.

Autres farines Les farines bise, de malt, de maïs, de sarrasin, de seigle ou de riz sont aussi utilisées en pâtisserie. Chacune a ses qualités ou sa saveur.

Sucres

L'essentiel du sucre provient de la canne à sucre ou de la betterave sucrière. On distingue différentes variétés de sucre. Les sucres non raffinés issus de la canne à sucre ont une teneur en minéraux, vitamines et oligo-éléments plus élevée que les sucres raffinés.

Sucre cristallisé Il est parfois utilisé pour donner une texture plus craquante aux biscuits et gâteaux (*voir* page 17).

Sucre semoule Ce sucre, à base de sucre cristallisé broyé et tamisé, se présente sous forme de cristaux à fine granulométrie. Courant en pâtisserie, il se dissout plus vite que le sucre cristallisé.

Sucre de canne roux cristallisé (cassonade), sucre de canne roux et sucre glace roux Ce sont des variétés de sucre non raffiné.

Mélasse Sucre non raffiné formant une matière brune visqueuse et épaisse, à saveur prononcée, utilisée dans les cakes riches en matière grasse.

Sucre de canne roux Sucre non raffiné, de saveur moins prononcée que celle de la mélasse, mais de couleur brun foncé. Parfait pour la préparation de cakes légers ou de pain d'épices.

Sucre de canne blond Moins coloré et plus doux que le sucre de canne roux, il est très utilisé dans la préparation de gâteaux, muffins, cakes et biscuits.

Sucre demerara Sucre de canne non raffiné ou partiellement raffiné, à gros

cristaux dorés. Utilisé en pâtisserie dans la préparation de gâteaux, il est parfois saupoudré sur les tartes, les crumbles et les cakes, pour sa texture croquante.

Vergeoises brune et blonde Sucres comparables aux sucres de canne roux et blond. Il s'agit en général d'un sucre blanc raffiné, parfumé et coloré, qui a été mélangé à de la mélasse ou du sirop de canne.

Sucre glace Sucre obtenu par broyage du sucre cristallisé, réduit en fine poudre. Il s'utilise dans la préparation de certains biscuits et pâtes à tarte et dans les glaçages, givrages et garnitures.

Matières grasses

Beurre Cette matière grasse a une saveur incomparable. En pâtisserie, préférer le beurre doux. Avec du beurre salé, ne pas ajouter de sel à la préparation (sauf dans les pâtes à pain). Utiliser le beurre à la sortie du réfrigérateur pour la confection de pâtes à tarte, et à température ambiante pour la préparation de gâteaux.

Margarine Produit de substitution du beurre. La margarine de cuisson à 80 % de matière grasse est souvent meilleure, mais la margarine végétale à 60 % de matière grasse, de consistance plus molle, est utilisée dans la préparation de gâteaux de type cake (*voir* page 16).

Margarine à tartiner Cette margarine végétale allégée à 41 % de matière grasse, est peu adaptée à la pâtisserie en raison de sa teneur élevée en eau.

Graisse La graisse de rognon de bœuf ou la graisse végétale solidifiée entrent dans la préparation de certaines pâtes.

Saindoux La graisse alimentaire d'origine animale a une saveur neutre, mais donne une texture fine et légère aux pâtes à tarte et à biscuit.

Œufs

En pâtisserie, la taille des œufs est déterminante. Conserver les œufs au réfrigérateur et les laisser reposer à température ambiante avant utilisation. Des œufs froids seront difficiles à incorporer aux autres ingrédients et ne captureront pas autant d'air que des œufs à température ambiante.

Levures

Levure chimique Poudre blanche à base de bicarbonate de sodium et d'acide tartrique. Une fois humidifiée, elle libère du gaz carbonique qui se dilate en cours de cuisson et entraîne la levée des pâtes.

Bicarbonate de soude Mélangé à un agent acide, comme le jus de citron ou le babeurre, le bicarbonate de sodium libère du gaz carbonique. Cette réaction est utilisée en pâtisserie pour favoriser la levée des pâtes.

Levure de boulanger Cet organisme unicellulaire convertit les sucres naturels de la farine en libérant du gaz carbonique. La levure exige chaleur, humidité et nourriture (sucre) pour agir. Disponible sous forme sèche et fraîche.

Graisser et chemiser un moule

La technique de chemisage d'un moule dépend de la recette. Pour une simple génoise, enduire légèrement d'huile ou de beurre fondu le fond et les parois du moule, avant de tapisser le fond de papier sulfurisé. Les préparations plus compactes, ou à faible teneur en matière grasse, exigent un graissage et un chemisage intégral, afin d'éviter que le gâteau adhère aux parois.

Chemiser un moule rond

1 Graisser le moule. Découper une bande de papier sulfurisé d'une longueur de 2,5 cm de plus que la circonférence du moule, et d'une largeur de 2,5 cm de plus que la hauteur du moule.

2 Réaliser un pli de 1,5 cm sur toute la longueur de la bande de papier. Déplier, mais conserver la marque du pli.

3 Pratiquer des entailles au ciseau sur toute la longueur de la bande de papier, jusqu'à la marque du pli. Placer la bande dans le moule, contre les parois.

4 Poser le moule sur du papier sulfurisé. Délimiter le contour au crayon. Découper en suivant l'intérieur du contour. Tapisser le fond du moule avec le rond découpé. Graisser le papier.

Chemiser un moule carré

1 Graisser le moule. Découper une bande de papier sulfurisé d'une longueur de 2,5 cm de plus que la circonférence du moule, et d'une largeur de 2,5 cm de plus que la hauteur du moule.

2 Réaliser un pli de 1,5 cm sur toute la longueur de la bande de papier. Déplier, en conservant la marque du pli. Plaquer la bande de papier le long des parois du moule. Inciser en diagonale jusqu'à la marque du pli à chaque angle.

3 Poser le moule sur du papier sulfurisé. Délimiter le contour au crayon. Découper en suivant l'intérieur du contour. Tapisser le fond du moule avec le carré découpé. Graisser le papier.

Chemiser un moule à génoise

1 Graisser le moule. Découper une feuille de papier sulfurisé de 7 cm de plus que la largeur du moule.

2 Poser le moule sur la feuille et pratiquer une entaille en diagonale à chaque angle, jusqu'au niveau du moule.

3 Mettre la feuille dans le moule, en faisant se chevaucher le papier au niveau des entailles en diagonale. Graisser le papier.

Chemiser un moule à cake

1 Graisser le moule. Découper une bande de papier sulfurisé de la longueur du moule, assez large pour tapisser le fond et les parois latérales. Mettre le papier dans le moule.

2 Découper une autre bande de papier sulfurisé de la largeur du moule, assez large pour tapisser le fond et les parois à chaque extrémité du moule. Mettre la feuille de papier dans le moule, en recouvrant la première feuille. Graisser le papier.

Fariner un moule

1 Graisser le fond et les parois du moule. Tapisser le fond d'une feuille de papier sulfurisé. Graisser le papier.

2 Saupoudrer le moule d'un peu de farine. Incliner et tapoter le moule, de façon à répartir uniformément la farine sur le fond et les parois. Retourner et tapoter le moule, de façon à faire tomber l'excédent de farine.

Basiques : gâteaux

Farine, matière grasse, sucre et œufs sont les principaux ingrédients d'une préparation pour gâteau.
La proportion de matière grasse par rapport à la farine influe sur le mode de préparation du gâteau.
Avec moitié moins de matière grasse que de farine, on sable la préparation ; avec moitié moins de farine
que de matière grasse, on la blanchit ; en l'absence, ou avec peu de matière grasse, on la fouette.

Blanchir une préparation

Le plus populaire des gâteaux faisant appel à cette technique est le quatre-quarts. Ce gâteau léger et aéré est composé d'un mélange en quantités égales de beurre, de sucre, d'œufs et de farine. Le beurre ramolli est travaillé énergiquement avec le sucre, jusqu'à ce que le mélange blanchisse, avant l'ajout des œufs et de la farine. Les gâteaux élaborés avec cette technique ont une texture fine et régulière. Plus la proportion de matière grasse, de sucre et d'œufs est élevée par rapport à la farine, plus riche sera le gâteau.

Conservation Les gâteaux de type quatre-quarts se conservent dans une boîte hermétique. Les gâteaux non décorés supportent la congélation.

Battre une préparation

Une variante simplifiée de la préparation pour quatre-quarts. Battre les ingrédients simultanément, jusqu'à obtention d'une consistance homogène. L'ajout de levure chimique favorise la levée. La margarine ou le beurre ramollis aident la liaison des ingrédients. Les gâteaux élaborés à partir de cette technique, facile et rapide à tmettre en œuvre, présentent une texture serrée.

Fouetter une préparation

Cette technique s'utilise pour les préparations sans ou avec très peu de matière grasse, comme la génoise. La qualité d'une génoise dépend de la quantité d'air emprisonnée lorsque l'on fouette le mélange d'œufs et de sucre. Travailler dans une jatte réchauffée, avec des œufs à température ambiante. Pour un résultat optimal, préférer le batteur électrique. Veiller à ne pas faire retomber l'appareil à l'incorporation de la farine. Travailler en douceur, sans trop malaxer.

Conservation Consommer une génoise le jour de sa préparation. Une génoise qui contient un peu de matière grasse se conservera un peu plus longtemps, dans un récipient hermétique.

Sabler une préparation

La technique consiste à travailler un mélange de beurre et de farine de façon à obtenir une texture grossière, comme celle des cakes, scones et buns. La proportion de matière grasse par rapport à la farine varie de 25 à 66 % environ. Incorporer la matière grasse du bout des doigts, en travaillant à la verticale au-dessus de la jatte, de façon à intégrer le plus d'air possible dans l'appareil. Ajouter les ingrédients liquides et amalgamer le tout. Ne pas trop travailler la préparation, au risque de durcir la texture. L'ajout de levure chimique favorise la levée.

Conservation Les gâteaux de ce type ne se conservent pas plus de trois jours et s'assèchent au fil du temps.

Blanchir

Battre

Fouetter

Fondre une préparation

Les gâteaux à texture serrée et humide, comme le pain d'épice, sont élaborés à partir d'un mélange de beurre et de sucre fondus à feu doux, avant incorporation des ingrédients secs.

Conservation Pour plus de saveur, consommer ce type de gâteaux 24 heures après leur cuisson et les conserver dans un récipient hermétique.

Petits gâteaux

Les techniques utilisées dans la préparation de gros gâteaux s'appliquent aussi bien à celle des petits gâteaux. Néanmoins, la cuisson des petits gâteaux se fait souvent à plus haute température et sur une durée plus courte. Cuire les mignardises dans un moule à petits fours, à 12 ou 36 alvéoles. Pour les gâteaux individuels un peu plus gros, utiliser un moule à muffins. Chemiser chaque alvéole à l'aide de caissettes en papier, pour pouvoir démouler plus facilement les gâteaux. Une méthode de réalisation plus rapide consiste à découper un grand gâteau en barres ou carrés individuels, à la taille souhaitée.

Coagulation

La coagulation se produit quand l'eau contenue dans les œufs se sépare des gouttes de matière grasse d'une préparation, en général lorsque les œufs sont trop froids. Une préparation coagulée sera moins aérée et donnera un gâteau à texture compacte. Pour prévenir le problème, utiliser des œufs à température ambiante. Si la préparation commence à coaguler, incorporer en battant l'équivalent d'une cuillerée à soupe de farine, de façon à lier à nouveau les ingrédients.

Vérification de la cuisson

Le temps de cuisson indiqué dans la recette doit servir de référence, mais le thermostat d'un four variant d'un modèle à l'autre, il faudra vérifier le bon déroulement de la cuisson. Cuits à point, des petits gâteaux sont gonflés, fermes et élastiques au toucher. Une génoise bien cuite reste élastique au toucher.

Vérifier la cuisson d'un gâteau en pressant la surface du bout du doigt. Au retrait du doigt, le gâteau doit revenir à sa forme initiale. Si l'empreinte du doigt reste marquée, poursuivre la cuisson quelques minutes de plus. Vérifier la cuisson d'un cake ou d'un quatre-quarts à l'aide d'une lame de couteau, insérée au centre du gâteau. La lame doit ressortir propre lorsque le gâteau est cuit.

Laisser refroidir la plupart des gâteaux quelques minutes dans le moule avant de les démouler et de les transférer sur une grille jusqu'à refroidissement complet. Certains gâteaux, comme les cakes, se bonifient en restant dans le moule jusqu'à refroidissement complet – cette indication est mentionnée dans les instructions de la recette.

Sabler

Fondre

Petits gâteaux

Basiques : pâtes à tartes

Une pâte à tarte classique est plus simple à réaliser qu'il n'y paraît. Si les préparations sophistiquées requièrent un certain savoir-faire, il suffit de se conformer aux instructions de la recette pour acquérir rapidement la dextérité nécessaire à la confection de pâtes à tarte dignes d'un professionnel.

Cuisson d'une pâte à tarte

Enfourner le fond de tarte dans un four préchauffé, de sorte qu'elle lève sous l'effet du réchauffement de l'air emprisonné dans la pâte. Le gluten présent dans la farine absorbe l'eau et répartit l'air dans la pâte, qui se dilate. La chaleur du four fige la pâte levée. En cours de cuisson, l'amidon de la farine de blé se dilate et absorbe la matière grasse. Si le four est trop froid, la matière grasse fond et suinte, mais la farine ne cuit pas. La pâte reste lourde, graisseuse et molle. Une fois la pâte saisie, la température du four peut être réduite, de façon à cuire si nécessaire la garniture.

Types de pâtes à tartes

Toutes les variétés de pâtes à tarte, à l'exception de la pâte levée à la graisse de rognon, font appel à de la farine blanche ordinaire type 45. La farine complète a pour effet d'alourdir la pâte et exige l'ajout d'un peu plus de liquide pour lier tous les ingrédients.

Pâte brisée

La plus classique des pâtes à tarte maison, mais aussi la recette plus facile à maîtriser, à condition de respecter à la lettre les instructions. Compter une part de matière grasse pour deux parts de farine.

225 g de farine
115 g de beurre
2 à 3 cuil. à soupe d'eau froide

Méthode de base

1 Tamiser la farine dans une jatte.

2 Couper le beurre en dés et l'incorporer à la farine avec le bout des doigts. Lever les mains haut au-dessus de la jatte pour ajouter le plus d'air possible à la pâte. Une fois le beurre bien incorporé, le mélange doit avoir une consistance de chapelure.

3 Éventuellement, incorporer des agents de saveur – noix en poudre, fromage ou sucre, pour une tarte pâtissière.

4 Ajouter l'eau en une fois et amalgamer la préparation du bout des doigts. Transférer la pâte sur un plan de travail légèrement fariné et la pétrir légèrement. Idéalement, envelopper la pâte de film alimentaire et la mettre 30 minutes au réfrigérateur, de façon à détendre la pâte et éviter qu'elle se rétracte à la cuisson.

5 Abaisser la pâte sur un plan de travail légèrement fariné. Travailler en poussant le rouleau à pâtisserie devant soi, par mouvements brefs, en exerçant une pression uniforme. Retourner l'abaisse de pâte en cours de travail.

6 Foncer le moule et laisser reposer 15 à 30 minutes, dans un endroit frais, avant cuisson.

7 Cuire 15 à 20 minutes au four préchauffé, jusqu'à ce que la pâte ait pris. La température peut être réduite en cours de cuisson.

Cuire à blanc

La pâte brisée utilisée pour confectionner une tarte est souvent précuite, de façon à saisir la pâte avant l'ajout de la garniture.

1 Foncer le moule avec l'abaisse de pâte et piquer le fond à la fourchette.

2 Mettre 30 minutes au réfrigérateur ou 10 minutes au congélateur (la cuisson à blanc peut être réalisée avec un fond de tarte surgelé).

3 Chemiser le fond de tarte de papier sulfurisé ou de papier aluminium. Garnir le fond de tarte de billes de cuisson de haricots secs ou de riz. Les billes, conducteurs de chaleur, favorisent une cuisson uniforme de la pâte et préviennent un gonflement au centre.

4 Cuire 10 minutes. Retirer les billes et le papier, et cuire encore 10 minutes, le temps que la pâte commence à dorer.

5 Sortir le fond de tarte du four. Badigeonner le fond d'œuf battu ou de blanc d'œuf, de façon à sceller la pâte (la chaleur de la pâte suffira à cuire la pellicule à base d'œuf).

Conseil

Le respect de quelques règles s'impose. Doser les ingrédients précisément et les garder au frais. Travailler la préparation en douceur. Pétrir la pâte délicatement, juste le temps d'amalgamer les ingrédients – un pétrissage trop énergique accélérera le développement du gluten de la farine, avec pour résultat une pâte dure et grasse. Abaisser la pâte sans forcer, en veillant à ne pas trop l'étirer. Limiter la quantité de farine utilisée pour saupoudrer le plan de travail, au risque de déséquilibrer les proportions entre les ingrédients. Laisser reposer la pâte au réfrigérateur avant de l'abaisser, enveloppée dans un film alimentaire ou de l'aluminium. L'ajout d'une pincée de sel rehausse la saveur de la pâte – ne pas utiliser de sel si la recette exige du beurre salé ou à de la margarine.

Pâte feuilletée traditionnelle

La pâte feuilletée est plus longue et complexe à préparer, mais la richesse de son goût mérite le temps passé dans la cuisine. La pâte feuilletée est la pâte qui possède la plus grande proportion de matière grasse, et se révèle donc la plus difficile à manipuler. Le principe de cette pâte est de créer autant de couches de pâte et de beurre que possible en les repliant et les retournant ensemble.

350 g de farine
175 g de beurre
8 cuil. à soupe d'eau froide

Recette de base

1 Tamiser la farine dans une jatte et incorporer un quart du beurre du bout des doigts.

2 Ajouter l'eau en une seule fois et amalgamer les ingrédients du bout des doigts. Pétrir brièvement, jusqu'à obtention d'une pâte homogène. Mettre la pâte dans un sac plastique et la laisser reposer 30 minutes au réfrigérateur.

3 Étaler le beurre restant entre deux feuilles de film alimentaire pour former une plaque de 1 cm d'épaisseur.

4 Abaisser la pâte en un carré, environ quatre fois plus grand que la plaque de beurre.

5 Déposer la plaque de beurre au centre de l'abaisse. Replier les débords de pâte, de façon à enfermer la plaque de beurre.

6 Abaisser la pâte en un rectangle, trois fois plus long que large.

7 Replier une extrémité de la bande de pâte sur les deux tiers de la longueur. Replier l'autre extrémité par-dessus.

8 Donner un demi-tour à la pâte. Abaisser la pâte en un rectangle et la replier comme indiqué précédemment. Répéter l'opération six fois au total, en laissant la pâte reposer au réfrigérateur entre chaque tour.

9 Laisser reposer une dernière fois 30 minutes au réfrigérateur. Abaisser la pâte et retirer les surépaisseurs au niveau des bords de l'abaisse afin de favoriser la levée. Foncer un moule et enfourner dans un four préchauffé. La pâte doit lever jusqu'à atteindre 6 à 8 fois sa hauteur initiale.

Pâte feuilletée enrichie

Dans cette version, la proportion de matière grasse par rapport à la farine est légèrement augmentée – deux tiers de matière grasse pour trois quarts de farine – et la matière grasse est ajoutée en plusieurs fois. Utiliser de préférence une farine blanche type 55. Après l'ajout initial de matière grasse, le pétrissage développe l'élasticité du gluten, pour une pâte souple qui lève facilement. Laisser reposer la pâte avant cuisson.

225 g de farine
175 g de beurre
6 à 7 cuil. à soupe de lait
ou d'eau froids

Recette de base

1 Tamiser la farine dans une jatte et incorporer un quart du beurre du bout des doigts.

2 Ajouter l'eau ou le lait en une seule fois et amalgamer les ingrédients du bout des doigts. Pétrir brièvement, jusqu'à obtention d'une pâte homogène.

3 Abaisser la pâte en un rectangle, trois fois plus long que large.

4 Répartir un tiers du reste de beurre sur les deux tiers de l'abaisse. Replier l'extrémité de la bande de pâte non beurrée sur la moitié de l'abaisse de pâte beurrée. Replier le tiers restant par-dessus.

5 Sceller les bords de la pâte d'une pression de rouleau à pâtisserie.

6 Donner un demi-tour à la pâte. Abaisser la pâte en un rectangle et répéter les étapes 4 et 5 deux fois, jusqu'à épuisement du beurre. Mettre la pâte dans un sac en plastique et la laisser reposer 30 minutes au réfrigérateur.

7 Abaisser et replier la pâte trois fois comme indiqué précédemment, sans ajouter de beurre. Mettre encore 30 minutes au réfrigérateur. Abaisser la pâte et retirer les surépaisseurs au niveau des bords de l'abaisse afin de favoriser la levée. Foncer un moule et enfourner dans un four préchauffé.

Pâte feuilletée express

Cette pâte facile à réaliser donne un feuilletage léger et croustillant. La pâte peut être un peu collante en début de préparation. La quantité de matière grasse utilisée est identique à celle de la pâte feuilletée enrichie.

225 g de farine
175 g de beurre
6 à 7 cuil. à soupe d'eau
ou de lait froids

Recette de base

1 Tamiser la farine dans une jatte et ajouter le beurre détaillé en dés de 2,5 cm de côté. Incorporer le beurre du bout des doigts.

2 Ajouter l'eau en une seule fois et amalgamer les ingrédients du bout des doigts. Pétrir brièvement.

3 Abaisser et replier la pâte, comme indiqué dans la recette de la pâte feuilletée traditionnelle. Laisser reposer 30 minutes au réfrigérateur avant utilisation. Enfourner dans un four préchauffé.

Pâte levée à la graisse de rognon

Cette pâte levée maison servira à la réalisation de tartes et tourtes. Utiliser une farine levante, ou une farine blanche additionnée de levure chimique.

225 g de farine
115 g de graisse de rognons de bœuf
2 cuil. à café de levure chimique
150 ml d'eau froide

Recette de base

1 Tamiser la farine dans une jatte.

2 Incorporer la graisse et la levure.

3 Ajouter juste assez d'eau pour obtenir une pâte élastique.

4 Abaisser la pâte en une seule fois de façon à éviter qu'elle durcisse à la cuisson.

Pâte levée au saindoux

Une pâte levée traditionnellement réservée à la confection de tourtes aux garnitures à base de viande de porc ou de gibier. Il s'agit de la seule recette de pâte à tarte où la chaleur des ustensiles et des ingrédients joue un rôle déterminant dans la préparation. Un abaissement de la température rend la pâte difficile à travailler.

225 g de farine
85 g de saindoux
5 cuil. à soupe d'eau

Recette de base

1 Tamiser la farine dans une jatte et creuser un puits au centre.

2 Verser l'eau dans une casserole, ajouter le saindoux et chauffer jusqu'à ce que le saindoux fonde. Porter à ébullition et verser sans attendre au centre du puits. Malaxer à la cuillère, de façon à former une pâte. Pétrir.

3 Abaisser et foncer le moule avec la pâte encore tiède. Enfourner dans un four préchauffé.

Pâte à choux

Une pâte riche et souple, dont la teneur élevée en eau entraîne sous l'effet d'une forte chaleur la formation de choux, creux et gonflés.

85 g de farine
55 g de beurre
150 ml d'eau
2 œufs

Recette de base

1 Tamiser la farine dans une jatte.

2 Verser l'eau dans une casserole, ajouter le beurre et chauffer jusqu'à ce que le beurre fonde.

3 Ajouter la farine dans la casserole en une seule fois. Battre le mélange à la spatule en bois, jusqu'à ce que la pâte forme une boule autour de la spatule. Laisser tiédir.

4 Incorporer progressivement les œufs, en battant énergiquement, jusqu'à obtention d'une pâte lisse et homogène. Plus la pâte sera battue, plus elle sera aérée et meilleur sera le résultat.

5 Façonner les choux à la poche à douille ou à la cuillère. Enfourner dans un four préchauffé.

Couvrir une tourte

Cette méthode basique permet de confectionner une abaisse de pâte pour couvrir une tourte à la garniture salée ou sucrée. L'ajout de décorations et la réalisation d'une dorure rehausseront l'aspect final de la tourte.

1 Abaisser la pâte en un rond d'un diamètre de 5 cm de plus que celui du moule.

2 Découper un cordon de pâte d'environ 2,5 cm à la circonférence du rond de pâte.

3 Humidifier le bord du moule et sceller le cordon de pâte tout autour du moule.

4 Garnir le fond de tourte et humidifier le cordon de pâte.

5 Avec un rouleau à pâtisserie, soulever et déposer délicatement le rond de pâte sur la garniture. Sceller les bords en pressant la pâte.

6 Couper l'excédent de pâte sur le pourtour à l'aide d'un couteau bien tranchant. Percer le centre du couvercle pour laisser s'échapper la vapeur en cours de cuisson.

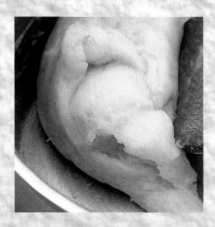

Finitions

Utiliser un couteau à bout rond pour tapoter et égaliser le pourtour de la tourte. Cette opération permet aussi de sceller parfaitement l'abaisse.

Presser une fourchette farinée sur le pourtour.

Glisser un pouce tout le long du pourtour et pincer les débords de pâte, entre l'autre pouce et l'index.

Imprimer la marque d'un pouce sur le pourtour. Rayer la pâte entre chaque empreinte, du bord vers le centre, de façon à créer un motif à rayons.

Décorer la tourte de formes décoratives, réalisées avec les chutes de pâte, découpées en forme de feuilles par exemple. Coller ces formes sur la tourte, en les humidifiant légèrement.

Dorure

Une dorure ajoute un éclat particulier à une tourte après cuisson. En guise de dorure, utiliser du lait, un œuf battu, additionné d'un peu d'eau, ou un blanc d'œuf légèrement battu. Badigeonner légèrement le couvercle de la tourte de dorure à l'aide d'un pinceau à pâtisserie en évitant de détremper la pâte. Saupoudrer le couvercle d'une tourte sucrée d'un peu de sucre semoule, après application de la dorure.

Basiques :
biscuits et cookies

Les cookies, ces généreux petits biscuits traditionnels américains, n'ont cessé de gagner en popularité. Biscuits et cookies se dégustent en toute occasion, avec le café pour commencer la journée, à l'heure du thé, au goûter, ou en conclusion d'un repas gourmand.

La cuisson rapide des biscuits exige une surveillance particulière, jusqu'à ce que l'expérience et la pratique permettent d'évaluer précisément le temps de cuisson requis. Les biscuits sont laissés à refroidir quelques minutes sur la plaque de four, avant leur transfert sur une grille, jusqu'à refroidissement complet. Beaucoup de biscuits sont encore mous à la sortie du four, mais deviennent croquants en refroidissant. Penser à les démouler avant refroidissement complet, pour éviter qu'ils adhèrent au moule. Conserver les biscuits dans une boîte hermétique. Les biscuits supportent la congélation – il suffit de les décongeler à température ambiante.

Biscuits moulés

Abaisser la pâte à biscuit avant de la découper à l'emporte-pièce, ou la façonner en forme de bûchettes, de boules ou de croissants. Limiter l'ajout de farine en façonnant la pâte, afin de ne pas modifier l'équilibre des ingrédients. Abaisser une pâte très molle entre deux feuilles de papier sulfurisé. Éviter d'abaisser une pâte plusieurs fois, au risque de durcir la texture des biscuits.

Cookies

Des petits plaisirs sucrés faciles et rapides à réaliser. Blanchir l'appareil à base de matière grasse et de sucre, puis incorporer la farine et les agents de saveur, comme des noix ou des copeaux de chocolat. Battre le mélange afin d'amalgamer les ingrédients, jusqu'à obtention d'une pâte molle. Déposer à la cuillère des petits tas de pâte sur une plaque à pâtisserie. Espacer les tas, sachant que les cookies se dilateront à la cuisson.

Mignardises

Des petits gâteaux confectionnés à l'aide d'une poche à douille munie d'un embout droit ou cannelé, pour une finition décorative. La consistance de la pâte joue un rôle déterminant – trop ferme, elle sera difficile à dresser, trop coulante, les mignardises perdront leur forme à la cuisson.

Tuiles

Des biscuits classiques, fins et croquants. La préparation très coulante (comparable à celui d'une pâte à beignets) est versée à la cuillère sur une plaque à pâtisserie,

avant d'être étalé en cercle. Il s'agit des biscuits les plus difficiles à réaliser, en raison de leur temps de cuisson très court. Les tuiles se présentent sous forme de rouleaux ou de disques courbes. Les tuiles courbes, façonnées lorsqu'elles sont encore chaudes, exigent rapidité d'exécution et adresse.

Biscuits tranchés

Façonner la pâte ferme en un long boudin, avant de trancher les biscuits, selon l'épaisseur souhaitée. La pâte crue se conserve plusieurs jours au réfrigérateur, ce qui permet de découper et de cuire les biscuits à la demande.

Basiques : pains et levure

Un livre ne suffirait pas à répertorier la multitude de recette de pains maison. La maîtrise de recettes basiques, comme celles du pain irlandais, du pain blanc, du pain au malt ou des petits pains, permet d'envisager la confection de délicieux pains fantaisies. Pains au lait sucrés et buns se dégustent au petit-déjeuner, au goûter ou en guise d'en-cas. Vous trouverez également dans cet ouvrage une sélection de recettes de pain non levé.

La préparation d'une pâte à pain n'a rien de difficile en soi et les résultats sont très gratifiants. À la différence des pâtes utilisées en pâtisserie, la chaleur de la cuisine ne nuit pas à la préparation. De même, le travail de la pâte n'exige pas de précaution particulière – un pétrissage énergique favorise le développement du gluten de la farine qui donne au pain sa texture unique. Le temps nécessaire à la levée de la pâte, ou temps de pousse, est un peu plus long, mais rien n'empêche alors de vaquer à d'autres occupations, sachant que cette étape n'exige aucune surveillance particulière. La plupart des pains levés et produits boulangers supportent la congélation et se réchauffent au four. Décongeler à température ambiante et réchauffer le pain 5 minutes dans un four préchauffé, juste avant de servir.

Types de levure

La levure est l'agent levant le plus utilisé dans la préparation du pain. Après activation, ce produit vivant libère du gaz carbonique. Les petites bulles de gaz emprisonnées dans la pâte sont à l'origine de la structure caractéristique du pain. La levure de boulanger se décline sous deux formes, fraîche ou sèche.

Levure fraîche

Disponible au rayon frais des grandes surfaces et en boulangerie, la levure fraîche se présente sous forme d'un bloc humide et friable, de couleur crème. La levure fraîche est généralement diluée dans un peu de liquide afin d'initier une première fermentation, avant l'ajout d'autres ingrédients. Elle se conserve quelques jours au réfrigérateur et jusqu'à trois mois au congélateur.

Levure sèche

Un produit décliné sous deux formes. La levure sèche classique exige une fermentation préliminaire et s'active après dilution dans un peu de liquide additionné de sucre ou de farine. La levure instantanée n'exige pas de fermentation initiale. Il suffit de l'incorporer à la farine, avant l'ajout de liquide.

La levure sèche a pour avantage d'éliminer les étapes de la première levée et du pétrissage. Un atout non négligeable si l'on manque de temps. Par ailleurs, la levure sèche se conserve plus longtemps, en dehors du réfrigérateur.

Effets de la température

La levure agit plus vite sous l'effet de la chaleur, d'où l'intérêt de laisser lever la pâte dans un endroit chaud. Toutefois, la levure ne cesse pas d'agir à une température basse – son action est juste ralentie. Ainsi, la pâte peut être préparée, façonnée et placée au réfrigérateur toute une nuit. Dans ce cas, laisser la pâte se réchauffer à température ambiante avant de l'enfourner.

Effets des ingrédients

Un pain classique consiste en une pâte levée, à base d'un mélange de farine, de levure, de sel et d'eau. Mais certains pains, petits pains, gâteaux, et parfois même pâtisseries, sont confectionnés à partir de pâtes levées enrichies d'autres ingrédients, comme le beurre, le sucre et les œufs. Ces ingrédients additionnels favorisent parfois la levée, colorent la mie et la croûte, et améliorent les qualités de conservation du produit. Tous ces ingrédients auront un effet sur l'action de la levure.

Sucre En petites quantités, il accélère l'action de la levure, mais au-delà de 55 g, il a pour effet de retarder cette action.

Matière grasse Au-delà de 25 g pour 450 g de pâte, elle retarde l'action de la levure.

Œufs Leur teneur en matière grasse peut ralentir l'action de la levure, mais ils participent aussi à retenir l'air dans la pâte et à alléger sa texture.

Pour prévenir les effets perturbateurs de ces ingrédients additionnels :

• Allonger le temps de pousse – compter 2 heures au minimum.
• Préparer la pâte en deux temps, en incorporant les ingrédients après une première levée.
• Augmenter légèrement la quantité de levure.

Gluten

Le gluten est constitué de deux protéines, la gliadine et la glutéine, présentes dans la farine de blé. Les farines de blé dur affichent une teneur en protéines plus élevée que les farines de blé tendre. Lorsque ces protéines sont hydratées, elles se lient les unes aux autres, pour créer un réseau glutineux qui donne au pain sa structure. Plus long sera le temps de pétrissage, plus solide et ferme sera le réseau glutineux, et meilleure sera la texture du pain. Une pâte pétrie trop longtemps finit par s'échauffer, au point d'entraîner la destruction du réseau glutineux. Un risque peu probable lors d'un pétrissage à la main. Pour un pétrissage au batteur électrique, procéder par brèves impulsions, de quelques secondes chacune, afin de laisser le temps à la pâte de « refroidir ».

Pains sans levure

Certains pains sont préparés sans levure. Ils font appel à une autre méthode de levée ou à une pâte sans agent levant. Les pains dits « instantanés » sont réalisés en ajoutant du bicarbonate de soude ou de la levure chimique. Ces agents levants libèrent du gaz carbonique, comme la levure de boulanger, mais le processus débute dès leur ajout dans la pâte. Le pain peut ainsi être cuit sans attendre. La pâte doit être molle et collante. Les pains dits « instantanés » présentent une texture tendre et friable, certains sont meilleurs servis chauds.

Les pains non levés sont parfois appelés pains plats. Certains, comme le pain naan ou pita, sont en réalité des pains à base de pâte levées à l'aide de levure ou de levure chimique, mais parfois à base d'une pâte non levée. Les vrais pains plats comptent parmi les plus anciennes formes de pain. Paratha, tortilla et chapati en sont des exemples. Les pains plats peuvent être garnis, comme la pizza et la focaccia, fourrés, comme le pain pita, garnis de riz et de haricots, comme le chapati ou la tortilla, ou encore dégustés avec une sauce, comme le papadum, en Inde.

Préparer un pain levé

Recette de base

Cette méthode est celle utilisée pour tous les pains levés, même si les étapes de réalisation varient selon les recettes.

675 g de farine de blé dur
2 cuil. à café de sel
2 cuil. à café de levure sèche
environ 450 ml d'eau tiède
2 cuil. à soupe d'huile d'olive
ou 25 g de beurre

1 Tamiser la farine et le sel dans une jatte. Incorporer la levure et creuser un puits au centre. Verser le liquide dans le puits et malaxer, jusqu'à obtention d'une pâte souple et collante.

2 Sur un plan de travail fariné, pétrir en repliant plusieurs fois la pâte sur elle-même, et en la repoussant de la paume de la main – procéder énergiquement. Poursuivre le pétrissage, en donnant un quart de tour à la pâte toutes les 10 minutes, jusqu'à obtention d'une consistance homogène, élastique, et non collante.

3 Façonner la pâte en boule et la mettre dans une jatte huilée. Enduire la surface d'un peu d'huile, afin d'éviter le dessèchement de la pâte. Couvrir hermétiquement. Laisser lever 1 heure près d'une source de chaleur, jusqu'à ce que la pâte double de volume.

4 Lorsque la pâte a doublé de volume, la retourner sur un plan de travail légèrement fariné. Pétrir délicatement quelques minutes, de façon à chasser l'air emprisonné dans la pâte. Durant cette opération, la pâte réduit de volume. Cette étape permet d'obtenir un pain à texture plus homogène, après élimination des poches d'air trop volumineuses.

5 Façonner la pâte à la forme souhaitée. Déposer la pâte dans un moule à pain légèrement graissé, ou sur une plaque à pâtisserie. Dans un moule, la pâte ne doit pas dépasser la moitié de la hauteur du moule.

6 Couvrir à nouveau la pâte et laisser lever une seconde fois, le temps qu'elle double de volume.

7 Enfourner dans un four préchauffé. Pour tester la cuisson du pain, sortir le moule du four, et tapoter la base. Le pain doit sonner creux. Démouler et laisser refroidir le pain sur une grille métallique.

Machine à pain

Pour préparer du pain sans effort et avec un minimum d'interventions, opter pour la machine à pain. Une fois tous les ingrédients pesés et versés dans la cuve, la machine travaille seule et offre quelques heures plus tard un pain cuit et croustillant à souhait. Le plaisir du façonnage disparaît, mais la machine à pain, généralement équipée d'un programmateur, a pour avantage de fournir du pain frais à volonté. Respecter attentivement les instructions du fabricant, sachant que les quantités d'ingrédients et les méthodes varient selon les modèles de machine.

À propos du sel

Le sel est un ingrédient essentiel à la préparation du pain. Il agit non seulement comme un agent de sapidité, mais participe aussi à renforcer la structure du réseau glutineux et à contrôler la pousse de la levure. En quantité trop faible, le réseau glutineux manquera de structure, en quantité trop importante, le sel inhibera l'action de la levure. Dans les deux cas, le pain souffrira d'un manque de volume et de saveur. Ne jamais modifier la quantité de sel indiquée dans une recette, sous peine d'altérer la qualité du produit fini. Une recommandation à suivre à la lettre, même si vous cherchez à diminuer votre consommation de sel.

Astuces et conseils
de pâtisserie

Avant de débuter

• Préchauffer toujours le four, de façon à avoir la température de cuisson indiquée au moment d'enfourner le gâteau. Prévoir 10 minutes.

• Graisser légèrement les moules, à l'aide d'une huile neutre ou de beurre. Utiliser un pinceau à pâtisserie, pour enduire rapidement et uniformément.

• Pour les préparations crémeuses, comme celles des génoises, chemiser le fond du moule de papier cuisson, pour les préparations plus épaisses et les cakes, chemiser le fond et les parois du moule. Pour les appareils riches et compacts, envelopper le moule d'une double épaisseur de papier kraft, maintenu par une ficelle.

• Sans moule de taille adaptée à celle indiquée dans la recette, prendre en compte la contenance – un moule de 20 cm de diamètre a la même contenance qu'un moule carré de 18 cm de côté.

• Réunir et peser tous les ingrédients, avant de commencer à les mélanger.

La préparation parfaite

• Intégrer les agents levants ou les épices à la farine avant de la tamiser pour bien les répartir dans la préparation.

• Sans farine levante, ajouter de la levure chimique à la farine avant de la tamiser. Compter 2 cuillerées à café de levure chimique pour 225 g de farine.

• Les recettes de gâteaux comportent presque toutes du beurre ou à de la margarine de cuisson. Ces ingrédients son interchangeables, mais le beurre offre une meilleure saveur. La margarine végétale à 60 % de matière grasse et l'huile conviennent aux recettes de cakes, mais sont moins adaptées aux gâteaux de type quatre-quarts. Ne pas utiliser de margarine à tartiner.

• Dans la plupart des recettes, la matière grasse doit être utilisée à température ambiante, afin de faciliter le mélange des ingrédients. Beurre et margarine peuvent être ramollis quelques secondes au four à micro-ondes.

• Utiliser des œufs à température ambiante, ils donneront plus de volume et emprisonneront plus d'air lorsqu'ils seront fouettés. Sortir les œufs du réfrigérateur 30 minutes avant utilisation.

• Pour séparer les blancs des jaunes d'œufs, casser la coquille d'un coup sec sur le bord de la jatte, ouvrir l'œuf et laisser s'écouler le blanc à l'intérieur du bol, en conservant le jaune dans une moitié de coquille. Faire glisser le jaune d'une moitié de coquille à l'autre, de façon à bien séparer le blanc.

• Pour incorporer de la farine à une préparation, utiliser une cuillère en métal. Travailler délicatement et rapidement, en « hachant » l'appareil pour conserver une texture aérée. Un malaxage trop insistant aurait pour effet d'alourdir le gâteau une fois cuit.

Cuisson idéale

• À moins d'une indication contraire, placer le moule au centre du four. Avec un four à chaleur tournante, la température reste constante partout à l'intérieur du four. Se reporter aux indications du fabricant pour une cuisson plus particulière.

• Éviter d'ouvrir la porte du four en cours de cuisson. Toujours refermer la porte du four en douceur. Attendre la mi-cuisson pour jeter un coup d'œil rapide au gâteau. L'ouverture trop fréquente de la porte du four entraîne une déperdition de chaleur susceptible de perturber la levée du gâteau.

• Vérifier la cuisson d'une génoise en pressant la surface du bout du doigt – le gâteau doit être tendre au toucher, mais revenir à sa forme initiale. Pour s'assurer de la cuisson d'un cake, tendre l'oreille : si la pâte grésille à l'intérieur, cela signifie que le gâteau n'est pas encore cuit. La plupart des gros gâteaux se rétractent légèrement lorsqu'ils sont cuits. En guise d'ultime vérification, insérer la lame d'un couteau au centre du gâteau et la retirer délicatement. Si le gâteau est cuit, la lame doit ressortir propre. Si la lame est collante, prolonger la cuisson.

• Laisser légèrement refroidir les gâteaux avant de les démouler. Ils se rétracteront des parois du moule, se raffermiront et seront plus faciles à démouler.

• Déposer les gâteaux démoulés sur une grille pour laisser s'échapper la vapeur, sans effet de condensation qui altérerait leur texture. En l'absence de grille métallique, opter pour la grille d'un grill ou d'un barbecue.

• Laisser complètement refroidir un gâteau avant conservation. La vapeur provoquerait des moisissures. Conserver les gâteaux pour de courtes périodes dans un récipient aéré, comme une boîte métallique avec un couvercle. Congeler dans des sacs adaptés.

Glossaire de pâtisserie

Battre

Travailler énergiquement une préparation à la cuillère, à la fourchette ou au fouet, pour bien mélanger les ingrédients, ramollir les ingrédients comme le beurre, ou incorporer de l'air.

Battre en crème

Battre un mélange de matière grasse et de sucre, jusqu'à obtention d'une consistance souple, blanchâtre et mousseuse. Cette action a pour effet d'incorporer de l'air dans une préparation destinée à la préparation de gâteaux légers, comme les génoises.

Cuire à blanc

Cuisson d'un fond de tarte non garni. Poser un cercle de papier sulfurisé sur le fond de tarte, puis le garnir de haricots secs, de riz ou de billes de cuisson. Enfourner et cuire selon les instructions.

Dorer

Enduire avant cuisson le dessus de tourtes, tartes ou pains, d'œuf battu ou de lait, afin d'obtenir une couleur ambrée et brillante après cuisson.

Dresser à la poche à douille

Donner une forme à une pâte à biscuits ou à un glaçage à l'aide d'une poche à douille, le plus souvent pour créer une finition décorative.

Fouetter

Battre un appareil au fouet manuel ou électrique pour lier les ingrédients ou introduire de l'air. La technique est utilisée pour épaissir une crème ou la raffermir, avant de l'introduire dans une poche à douille, ou encore pour travailler les pâtes à génoise, exigeant d'être assez aérés pour offrir une texture légère, et monter des blancs en neige ferme pour confectionner des meringues.

Glacer

Recouvrir le dessus ou l'ensemble d'un gâteau d'un nappage à base de confiture ou de sirop, afin de lui donner une finition brillante.

Incorporer

Méthode consistant à mélanger des ingrédients secs à un appareil blanchi, ou à intégrer des blancs en neige sans faire retomber le mélange. Utiliser de préférence une cuillère en métal, en « hachant » la préparation pour intégrer les ingrédients secs. Remuer le moins possible, de façon à conserver une texture aérée, pour plus de légèreté.

Pétrir

Travail de pression et d'étirage d'une pâte, à la main ou au batteur électrique à l'aide d'un crochet à pâte, afin de développer le gluten (protéines) de la farine. Le gluten rendu plus élastique favorise la levée de la pâte et donne une texture plus uniforme au produit fini.

Pousse

Le développement et la levée d'une pâte sous l'action de la levure biologique ou de la levure chimique.

Rabattre

Rabattre une pâte levée en la repliant plusieurs fois sur elle-même de façon à la ramener à son volume initial. Cette opération qui intervient au second pétrissage de la pâte chasse le gaz carbonique formé durant la fermentation, et assure une texture plus uniforme au produit fini.

Sabler

Travailler du bout des doigts une matière grasse, comme le beurre, avec un ingrédient sec, comme la farine, jusqu'à obtention d'une consistance de chapelure grossière. On utilise cette technique pour donner une texture friable à des pâtes à tarte, des scones et des cakes.

Saupoudrage

Action de saupoudrer un ingrédient sec, comme de la farine, du sucre glace ou des épices, sur une surface, afin de former une couche fine. Un tamis permet de répartir uniformément l'ingrédient.

Tamiser

Passer des ingrédients secs, comme la farine, à travers un tamis, afin d'éliminer les grumeaux et d'obtenir une texture fine. La technique est aussi utilisée pour répartir uniformément des agents levants ou des épices dans un appareil.

Chapitre 1
Gâteaux

Génoise à l'anglaise

Pour 8 à 10 personnes

Ingrédients

- 175 g de beurre, à température ambiante, un peu plus pour graisser
- 175 g de sucre en poudre
- 3 œufs, battus
- 175 g de farine levante
- 1 pincée de sel
- 3 cuil. à soupe de confiture de framboises
- 1 cuil. à soupe de sucre glace ou en poudre

1 Préchauffer le four à 180 °C (th. 6). Graisser 2 moules à manqué de 20 cm de diamètre et les chemiser de papier sulfurisé.

2 Battre le beurre en crème avec le sucre dans une jatte à l'aide d'une cuillère en bois ou d'un batteur jusqu'à ce que le mélange blanchisse.

3 Ajouter les œufs un à un, en battant bien après chaque ajout. Tamiser la farine et le sel dans la jatte et les incorporer à l'aide d'une cuillère métallique ou une spatule. Répartir la préparation dans les moules et lisser la surface à l'aide d'une spatule.

4 Mettre les moules sur la même grille au centre du four préchauffé et cuire 25 à 30 minutes, jusqu'à ce que les génoises aient bien levé, soient dorées et commencent à se détacher des parois des moules.

5 Sortir les moules du four et laisser reposer 1 minute. Détacher les génoises des bords des moules à l'aide d'une spatule. Renverser les génoises sur un torchon et retirer le papier sulfurisé. Retourner de nouveau les génoises sur la grille (cela permet d'éviter que la grille ne marque la surface).

6 Lorsque les génoises sont bien froides, les assembler avec de la confiture et les saupoudrer de sucre.

Couronne
à l'orange et au pavot

Pour 10 personnes

Ingrédients

- 200 g de beurre doux, un peu plus pour graisser
- 200 g de sucre blond en poudre
- 3 gros œufs, battus
- zeste finement râpé d'une orange
- 55 g de graines de pavot
- 300 g de farine, un peu plus pour saupoudrer
- 2 cuil. à café de levure chimique
- 150 ml de lait
- 125 ml de jus d'orange
- lanières de zeste d'orange, pour décorer

Sirop

- 140 g de sucre blond en poudre
- 150 ml de jus d'orange

1 Préchauffer le four à 160 °C (th. 5-6). Graisser et fariner légèrement un moule à savarin d'environ 24 cm de diamètre et d'une contenance d'environ 2 l.

2 Battre le beurre en crème avec le sucre jusqu'à ce qu'il blanchisse, puis ajouter progressivement les œufs en battant bien après chaque ajout. Incorporer le zeste d'orange et les graines de pavot. Tamiser la farine et la levure dans la jatte, puis les incorporer. Ajouter le lait et le jus d'orange, et bien mélanger.

3 Répartir la préparation dans le moule et cuire 45 à 50 minutes, jusqu'à ce que la couronne soit ferme et légèrement dorée. Laisser reposer la couronne 10 minutes dans le moule, puis la démouler sur une grille.

4 Pour le sirop, mettre le sucre et le jus d'orange dans une casserole et chauffer jusqu'à ce que le sucre ait fondu. Porter à ébullition et laisser mijoter 5 minutes, jusqu'à ce que la sauce ait réduit et soit sirupeuse.

5 Arroser la couronne de sirop tant qu'elle est encore chaude. Parsemer de lanières de zeste d'orange et servir chaud ou froid.

Génoise
aux deux chocolats

Pour 8 personnes

Ingrédients

- 150 g de farine
- 2 cuil. à soupe de cacao
  en poudre
- 1 cuil. à soupe de levure chimique
- 175 g de beurre doux, ramolli,
  un peu plus pour graisser
- 175 g de sucre en poudre
- 3 œufs, battus
- 1 cuil. à soupe de lait
- 40 g de bâtonnets chocolatés
  à la menthe, hachés
- 140 g de sauce au chocolat,
  un peu plus pour arroser
- bâtonnets chocolatés,
  pour décorer

1 Préchauffer le four à 180 °C (th. 6). Graisser et chemiser 2 moules à manqué de 20 cm de diamètre.

2 Tamiser la farine, le cacao et la levure dans une jatte, puis incorporer le beurre, le sucre et les œufs de façon à obtenir une consistance homogène. Incorporer le lait et les bâtonnets chocolatés à la menthe.

3 Répartir la préparation dans les moules et cuire 25 à 30 minutes au four préchauffé, jusqu'à ce que les génoises aient levé et soient fermes. Laisser reposer 2 minutes dans les moules, les démouler et les laisser refroidir complètement sur une grille.

4 Assembler les génoises avec la sauce au chocolat, puis en arroser la surface du gâteau assemblé.

5 Décorer le gâteau de bâtonnets chocolatés à la menthe.

Gâteaux au fudge et au chocolat

Pour 8 personnes

Ingrédients

- 175 g de beurre doux, ramolli, un peu plus pour graisser
- 175 g de sucre blond en poudre
- 3 œufs, battus
- 3 cuil. à soupe de golden syrup
- 40 g de poudre d'amandes
- 175 g de farine levante
- 1 pincée de sel
- 40 g de cacao en poudre

Nappage

- 225 g de chocolat noir, brisé en morceaux
- 55 g de sucre roux non raffiné
- 225 g de beurre doux, coupé en dés
- 5 cuil. à soupe de lait concentré
- ½ cuil. à café d'extrait de vanille

1 Préchauffer le four à 180 °C (th. 6). Graisser et chemiser 2 moules à manqué de 20 cm de diamètre.

2 Pour le nappage, mettre le chocolat, le sucre roux, le beurre, le lait concentré et l'extrait de vanille dans une casserole à fond épais. Chauffer à feu doux sans cesser de remuer jusqu'à ce que le tout ait fondu. Verser le mélange dans une jatte et laisser refroidir. Couvrir et mettre 1 heure au réfrigérateur, jusqu'à obtention d'une consistance de pâte à tartiner.

3 Pour le gâteau, battre le beurre en crème avec le sucre dans une jatte jusqu'à ce qu'il blanchisse. Incorporer progressivement les œufs en battant bien après chaque ajout. Incorporer le golden syrup et la poudre d'amandes. Tamiser la farine, le sel et le cacao dans une autre jatte, puis incorporer le tout dans la première jatte. Ajouter un peu d'eau si la préparation est trop compacte.

4 Répartir la préparation dans les moules et cuire 30 à 35 minutes au four préchauffé, jusqu'à ce que les génoises soient souples au toucher et que la pointe d'un couteau piquée au centre ressorte sans trace de pâte.

5 Laisser les génoises reposer 5 minutes dans les moules, puis les démouler sur une grille et les laisser refroidir complètement. Assembler ensuite les génoises avec la moitié du nappage, puis recouvrir le gâteau assemblé du nappage restant en créant de la texture.

Gâteau
noix de coco-citron vert

Pour 8 personnes

Ingrédients

- 175 g de beurre doux, ramolli
- 175 g de sucre en poudre
- 3 œufs, battus
- 150 g de farine levante
- 85 g de noix de coco
  déshydratée râpée
- zeste râpé et jus d'un citron vert

Glaçage

- 175 g de sucre glace
- zeste râpé et jus d'un citron vert
- 25 g de noix de coco râpé,
  légèrement grillée

1 Préchauffer le four à 160 °C (th. 5-6). Graisser un moule à manqué de 20 cm de diamètre et le chemiser de papier sulfurisé.

2 Dans une grande jatte, battre le beurre en crème avec le sucre jusqu'à ce qu'il blanchisse, puis incorporer progressivement les œufs en battant bien après chaque ajout. Tamiser la farine dans la jatte et l'incorporer à l'aide d'une cuillère métallique. Incorporer la noix de coco, puis le jus et le zeste de citron vert.

3 Répartir la préparation dans le moule et lisser la surface. Cuire 1 heure à 1 h 15 au four préchauffé, jusqu'à ce que le gâteau ait levé et soit doré et ferme au toucher. Laisser reposer 5 minutes, puis démouler et laisser refroidir complètement sur une grille.

4 Pour le glaçage, tamiser le sucre glace dans un bol. Incorporer le zeste et le jus de citron vert de façon à obtenir un glaçage épais et homogène. Ajouter quelques gouttes d'eau si nécessaire. Arroser le gâteau de glaçage en le laissant couler sur les bords. Parsemer de noix de coco grillée et laisser prendre avant de servir.

Gâteau à la clémentine

Pour 8 personnes

Ingrédients
- 2 clémentines
- 175 g de beurre, ramolli, un peu plus pour graisser
- 175 g de sucre en poudre
- 3 œufs, battus
- 175 g de farine levante
- 3 cuil. à soupe de poudre d'amandes
- 3 cuil. à soupe de crème fraîche liquide

Sirop et garniture
- 6 cuil. à soupe de jus de clémentine
- 2 cuil. à soupe de sucre en poudre
- 3 morceaux de sucre blanc, pilés

1 Préchauffer le four à 180 °C (th. 6). Graisser un moule à manqué de 18 cm de diamètre et chemiser le fond de papier sulfurisé.

2 Prélever le zeste des clémentines et le hacher finement. Dans une jatte, battre le beurre en crème avec le sucre et le zeste de clémentine jusqu'à ce que le mélange blanchisse.

3 Incorporer progressivement les œufs battus à la préparation en battant bien après chaque ajout.

4 Incorporer délicatement la farine levante, puis la poudre d'amandes et la crème fraîche liquide. Répartir la préparation obtenue dans le moule.

5 Cuire 55 à 60 minutes au four préchauffé, jusqu'à ce que la pointe d'un couteau piquée au centre ressorte sans trace de pâte. Laisser tiédir dans le moule.

6 Pendant ce temps, préparer le sirop. Verser le jus de clémentine dans une petite casserole, ajouter le sucre en poudre et porter à ébullition. Laisser mijoter 5 minutes.

7 Démouler le gâteau sur une grille. Arroser de sirop et laisser absorber, puis parsemer de sucre pilé.

Gâteau aux cerises confites

Pour 8 personnes

Ingrédients

- 250 g de cerises confites, coupées en quartiers
- 85 g de poudre d'amandes
- 200 g de farine
- 1 cuil. à café de levure chimique
- 200 g de beurre doux, un peu plus pour graisser
- 200 g de sucre en poudre
- 3 gros œufs
- zeste finement râpé et jus d'un citron
- 6 morceaux de sucre, pilés

1 Préchauffer le four à 180 °C (th. 6). Graisser un moule à manqué de 20 cm de diamètre et le chemiser de papier sulfurisé.

2 Mélanger les cerises, la poudre d'amandes et 1 cuillerée à soupe de farine dans une jatte. Tamiser la farine restante et la levure dans une autre jatte.

3 Dans une troisième jatte, battre le beurre en crème avec le sucre jusqu'à ce qu'il blanchisse. Incorporer progressivement les œufs en battant bien après chaque ajout.

4 Ajouter la farine et la levure tamisées, puis les incorporer à l'aide d'une cuillère métallique. Ajouter ensuite le mélange à base de cerises et mélanger. Incorporer enfin le zeste et le jus de citron.

5 Répartir la préparation dans le moule et parsemer de morceaux de sucre pilés. Cuire 1 heure à 1 h 15 au four préchauffé, jusqu'à ce que le gâteau ait levé et soit doré. Il doit juste commencer à se détacher des parois du moule.

6 Laisser reposer 15 minutes dans le moule, démouler sur une grille et laisser refroidir complètement.

Gâteau épicé aux pommes

Pour 8 à 10 personnes

Ingrédients

- 225 g de beurre doux, ramolli, un peu plus pour graisser
- 225 g de sucre blond non raffiné
- 4 gros œufs, légèrement battus
- 225 g de farine levante
- 2 cuil. à café de cannelle en poudre
- ½ cuil. à café de noix muscade râpé
- 85 g de raisins secs
- 3 petites pommes, pelées, évidées et coupées en lamelles
- 2 cuil. à soupe de miel liquide, réchauffé

1 Préchauffer le four à 180 °C (th. 6). Graisser un moule à manqué de 23 cm de diamètre et chemiser le fond de papier sulfurisé.

2 Dans une jatte, battre le beurre en crème avec le sucre jusqu'à ce qu'il blanchisse, puis incorporer progressivement les œufs. Tamiser la farine, la cannelle et la noix muscade dans la jatte et les incorporer délicatement à l'aide d'une cuillère métallique. Incorporer les raisins secs.

3 Répartir la moitié de la préparation dans le moule et lisser la surface. Répartir la moitié des pommes dessus et couvrir avec la préparation restante. Lisser la surface et déposer les pommes restantes sur le tout.

4 Cuire 1 heure à 1 h 15 au four préchauffé, jusqu'à ce que le gâteau ait levé et soit doré et ferme au toucher. Laisser reposer 10 minutes, puis démouler sur une grille. Napper de miel chaud et laisser refroidir complètement.

Pain au gingembre

Pour 12 à 16 personnes

Ingrédients
- 450 g de farine
- 3 cuil. à café de levure chimique
- 1 cuil. à café de bicarbonate de soude
- 3 cuil. à café de gingembre en poudre
- 175 g de beurre doux
- 175 g de sucre roux
- 175 g de mélasse
- 175 g de golden syrup
- 1 œuf, battu
- 300 ml de lait
- crème fraîche et golden syrup chaud, en accompagnement

1 Chemiser un moule carré de 23 cm de côté et de 5 cm de profondeur avec du papier sulfurisé. Préchauffer le four à 160 °C (th. 5-6).

2 Tamiser la farine, la levure, le bicarbonate et le gingembre dans une jatte.

3 Mettre le beurre, le sucre, la mélasse et le golden syrup dans une casserole et chauffer à feu doux jusqu'à ce que le beurre ait fondu et que le sucre soit dissous. Laisser tiédir. Mélanger l'œuf battu et le lait, et incorporer dans la casserole.

4 Ajouter tous les ingrédients liquides dans la jatte et battre à l'aide d'une cuillère en bois jusqu'à obtention d'une consistance homogène et brillante.

5 Répartir la préparation dans le moule et cuire 1 h 30 au centre du four préchauffé, jusqu'à ce que le pain ait levé et soit ferme au toucher. Pour une consistance plus ferme, cuire encore 15 minutes.

6 Sortir le moule du four et le laisser refroidir dans le moule. Démouler et retirer le papier sulfurisé. Envelopper le pain de papier d'aluminium et le mettre dans un récipient hermétique 1 semaine de sorte que les arômes se développent.

7 Couper le pain en tranches et le servir froid avec une tasse de thé ou de café, accompagné de crème fraîche et de golden syrup chaud.

Pudding au toffee

Pour 6 à 8 personnes

Ingrédients

- 75 g de raisins secs
- 150 g de dattes dénoyautées, hachées
- 1 cuil. à café de bicarbonate de soude
- 25 g de beurre, un peu plus pour graisser
- 200 g de sucre blond non raffiné
- 2 œufs
- 200 g de farine levante, tamisé

Sauce au toffee

- 25 g de beurre
- 175 ml de crème fraîche épaisse
- 200 g de sucre roux

1 Préchauffer le four à 180 °C (th. 6). Graisser un moule de 20 cm de diamètre.

2 Pour préparer le pudding, mettre les raisins secs, les dattes et le bicarbonate dans une jatte, les couvrir d'eau bouillante et les laisser tremper. Mettre le beurre dans une autre jatte et le battre en crème avec le sucre. Incorporer les œufs, puis la farine. Égoutter les fruits, les ajouter dans la jatte et bien mélanger.

3 Répartir la préparation dans le moule et cuire 35 à 40 minutes au four préchauffé, jusqu'à ce que la pointe d'un couteau piquée au centre ressorte sans trace de pâte.

4 Environ 5 minutes avant la fin du temps de cuisson, entamer la préparation de la sauce. Faire fondre le beurre dans une casserole à fond moyen, incorporer la crème fraîche et le sucre, et porter à ébullition sans cesser de remuer. Réduire le feu et laisser mijoter 5 minutes.

5 Démouler le pudding sur une grille et le laisser reposer 5 minutes. Le couper en tranches et le dresser sur des assiettes à dessert. Arroser de sauce et servir.

Gâteau de polenta
aux amandes

Pour 6 personnes

Ingrédients

- 200 g de beurre doux, ramolli,
  un peu plus pour graisser
- 200 g de sucre blond
  en poudre
- jus et zeste finement râpé
  d'une petite orange
- 3 œufs, battus
- 200 g de poudre d'amandes
- 200 g de polenta instantanée
- 1 cuil. à café de levure chimique
- crème glacée à la vanille,
  en accompagnement

1 Préchauffer le four à 180 °C (th. 6). Graisser un moule de 23 cm de diamètre avec un peu de beurre et en chemiser le fond de papier sulfurisé.

2 Battre le beurre restant en crème avec le sucre à l'aide d'un batteur électrique jusqu'à ce qu'il blanchisse.

3 Ajouter le jus d'orange, le zeste d'orange, les œufs et les amandes. Incorporer la polenta et la levure, et battre jusqu'à obtention d'une consistance homogène.

4 Répartir la préparation obtenue dans le moule et lisser la surface à l'aide d'une spatule.

5 Cuire 35 à 40 minutes au four préchauffé, jusqu'à ce que le gâteau soit ferme et doré. Laisser reposer 20 minutes dans le moule.

6 Démouler le gâteau sur une grille, le couper en tranches et le servir chaud ou froid, accompagné de crème glacée.

Stollen

Pour 10 personnes

Ingrédients
- 85 g de raisins de Corinthe
- 55 g de raisins de Smyrne
- 35 g de zeste d'agrumes confits hachés
- 55 g de cerises confites, rincées, séchées et coupées en quartiers
- 2 cuil. à soupe de rhum ambré
- 4 cuil. à soupe de beurre
- 175 ml de lait
- 3 cuil. à soupe de sucre blond
- 375 g de farine, un peu plus pour saupoudrer
- ½ cuil. à café de sel
- ½ cuil. à café de noix muscade râpé
- ½ cuil. à café de cannelle en poudre
- graines de 3 gousses de cardamome
- 2 cuil. à café de levure de boulanger déshydratée
- zeste finement râpé d'un citron
- 1 œuf, battu
- 40 g d'amandes effilées
- huile, pour graisser
- 175 g de massepain
- beurre fondu, pour graisser
- sucre glace, pour saupoudrer

1 Mettre les raisins de Corinthe et de Smyrne, les zestes d'agrumes confits et les cerises confites dans une jatte.

2 Ajouter le rhum et laisser macérer. Mettre le beurre, le lait et le sucre en poudre dans une casserole et chauffer à feu doux jusqu'à ce que le sucre soit dissous et que le beurre ait juste fondu. Laisser tiédir.

3 Tamiser la farine, le sel, la noix muscade et la cannelle dans une jatte. Piler les graines de cardamome et les ajouter au mélange à base de farine. Incorporer la levure. Creuser un puits au centre de la jatte et y mettre le mélange à base de lait, le zeste de citron et l'œuf. Battre jusqu'à obtention d'une pâte souple.

4 Mettre la pâte sur un plan de travail fariné et la pétrir 5 minutes avec les mains farinées. La pâte sera très collante, ajouter de la farine si nécessaire. Incorporer les fruits macérés et les amandes effilées à la pâte. Mettre la pâte dans une jatte légèrement huilée. Couvrir la pâte de film alimentaire et la laisser lever 1 h 30 près d'une source de chaleur, jusqu'à ce qu'elle ait doublé de volume.

5 Pétrir de nouveau la pâte 1 à 2 minutes sur un plan de travail fariné, puis l'abaisser en un carré de 25 cm de côté.

6 Façonner le massepain en un boudin de 20 cm de longueur et le mettre au centre du carré. Rabattre un côté du carré pour recouvrir le massepain, puis l'autre côté, de sorte que les deux côtés se chevauchent au centre. Souder les bords. Mettre le roulé sur une plaque graissée, le couvrir de film alimentaire huilé et le laisser lever près d'une source de chaleur jusqu'à ce qu'il ait doublé de volume.

7 Préchauffer le four à 190 °C (th. 6-7). Retirer le film alimentaire et cuire le stollen 40 minutes au four préchauffé, jusqu'à ce qu'il soit doré et qu'il sonne creux lorsqu'il est cogné sur sa base.

8 Enduire généreusement le stollen de beurre fondu et le saupoudrer largement de sucre glace. Laisser reposer sur une grille.

Gâteau façon millefeuille
au chocolat

Pour 10 à 12 personnes

Ingrédients
- 7 œufs
- 200 g de sucre en poudre
- 150 g de farine
- 50 g de cacao en poudre
- 50 g de beurre, fondu, un peu
  plus pour graisser

Garniture
- 200 g de chocolat noir
- 125 g de beurre
- 50 g de sucre glace

Décoration
- 75 g d'amandes effilées,
  légèrement pilées
- chocolat râpé

1 Préchauffer le four à 180 °C (th. 6). Graisser un moule carré profond de 23 cm de côté et chemiser le fond de papier sulfurisé.

2 Battre les œufs 10 minutes avec le sucre en poudre avec un batteur électrique, jusqu'à obtention d'une consistance légère et mousseuse. La préparation doit faire un ruban qui met quelques secondes à couler de la cuillère.

3 Tamiser ensemble la farine et le cacao, et en incorporer la moitié à la préparation. Arroser de beurre fondu et incorporer la farine et le cacao restants. Répartir la préparation dans le moule et cuire 30 à 35 minutes au four préchauffé, jusqu'à ce que le gâteau soit souple au toucher. Laisser tiédir, démouler et laisser refroidir complètement sur une grille.

4 Pour la garniture, faire fondre le chocolat avec le beurre, puis incorporer le sucre glace et laisser refroidir. Battre ensuite jusqu'à obtention d'une consistance de pâte à tartiner épaisse.

5 Couper le gâteau en deux, puis en trois dans l'épaisseur. Assembler les 6 morceaux avec les trois quarts de la garniture, puis répartir la garniture restante sur le gâteau assemblé. Presser les amandes effilées sur les bords et décorer de chocolat râpé.

Gâteau de carottes

Pour 12 personnes

Ingrédients
- beurre, pour graisser
- 125 g de farine levante
- 1 pincée de sel
- 1 cuil. à café de cannelle
  en poudre
- 125 g de sucre blond
- 2 œufs
- 100 ml d'huile de tournesol
- 125 g de carottes, pelées
  et finement râpées
- 25 g de noix de coco râpée
- 25 g de noix, hachées
- cerneaux de noix, pour décorer

Nappage
- 50 g de beurre, ramolli
- 50 g de fromage frais
- 225 g de sucre glace, tamisé
- 1 cuil. à café de jus de citron

1 Préchauffer le four à 180 °C (th. 6). Graisser un moule carré de 20 cm de côté et le chemiser de papier sulfurisé.

2 Tamiser la farine, le sel et la cannelle dans une grande jatte et ajouter le sucre. Incorporer les œufs et l'huile.

3 Incorporer les carottes râpées, la noix de coco déshydratée et les noix hachées.

4 Répartir la préparation dans le moule et cuire 20 à 25 minutes au four préchauffé, jusqu'à ce que le gâteau soit ferme au toucher. Laisser refroidir dans le moule.

5 Pendant ce temps, préparer le nappage. Dans une jatte, battre le beurre avec le fromage frais, le sucre glace et le jus de citron jusqu'à obtention d'une consistance légère et crémeuse.

6 Démouler le gâteau et le couper en 12 parts. Garnir de nappage et décorer de cerneaux de noix.

Cake à la banane

Pour 8 personnes

Ingrédients

- beurre, pour graisser
- 125 g de farine levante
- 100 g de farine complète levante
- 150 g de sucre roux
- 1 pincée de sel
- ½ cuil. à café de cannelle en poudre
- ½ noix muscade, râpée
- 2 grosses bananes mûres, pelées
- 175 ml de jus d'orange
- 2 œufs, battus
- 4 cuil. à soupe d'huile de pépins de raisins

1 Préchauffer le four à 180 °C (th. 6). Graisser et chemiser un moule à cake d'une contenance de 900 g.

2 Tamiser les farines, le sucre, le sel et les épices dans une grande jatte. Dans une autre jatte, écraser les bananes avec le jus d'orange, puis incorporer les œufs et l'huile. Verser le tout dans la première jatte et bien mélanger.

3 Répartir la préparation dans le moule et cuire 1 heure au four préchauffé, jusqu'à ce que la pointe d'un couteau piquée au centre ressorte sans trace de pâte. Si la pointe du couteau ressort humide, poursuivre la cuisson 10 minutes.

4 Sortir le cake du four et le laisser tiédir dans le moule. Démouler le cake sur une grille, le couper en tranches et servir.

Gâteau à la courge et à l'orange

Pour 10 à 12 personnes

Ingrédients

- 175 g de beurre, ramolli, un peu plus pour graisser
- 175 g de sucre roux
- 3 œufs, battus
- zeste finement râpé et jus d'une orange
- 225 g de farine complète levante
- 1 cuil. à café de levure chimique
- 1 cuil. à café de cannelle en poudre
- 225 g de chair de courge doubeurre (poids sans peau et sans pépin), grossièrement râpée
- 115 g de raisins secs

Nappage

- 225 g de fromage frais
- 55 g de sucre glace, tamisé
- 1 cuil. à café de zeste d'orange finement râpé
- 2 à 3 cuil. à café de jus d'orange fraîchement pressé
- zeste d'orange finement paré, pour décorer

1 Préchauffer le four à 180 °C (th. 6). Graisser un moule profond de 18 cm de diamètre et le chemiser avec du papier sulfurisé.

2 Battre le beurre en crème avec le sucre dans une jatte jusqu'à ce qu'il blanchisse. Incorporer progressivement les œufs en battant bien après chaque ajout. Réserver 1 cuillerée à café de zeste d'orange pour la garniture et incorporer le zeste d'orange restant à la préparation.

3 Incorporer la farine, la cannelle et la levure, puis ajouter la courge, les raisins secs et un peu de jus d'orange si nécessaire (environ 1 cuillerée à soupe) de façon à obtenir une consistance assez souple. Répartir la préparation dans le moule et lisser la surface.

4 Cuire environ 1 heure au four préchauffé, jusqu'à ce que le gâteau ait levé et soit doré et ferme au toucher. Laisser reposer quelques minutes, puis démouler sur une grille. Retirer le papier sulfurisé et laisser refroidir complètement.

5 Pour préparer le nappage, battre le fromage frais avec le sucre glace, le zeste d'orange râpé et le jus d'orange. Garnir le gâteau de nappage en donnant de la texture et garnir de zeste d'orange finement râpé. Servir immédiatement coupé en tranches.

Gâteau au citron

Pour 8 personnes

Ingrédients

- beurre, pour graisser
- 200 g de farine
- 2 cuil. à café de levure chimique
- 200 g de sucre en poudre
- 4 œufs
- 150 ml de crème aigre
- zeste râpé d'un gros citron
- 4 cuil. à soupe de jus de citron
- 150 ml d'huile de tournesol

Sirop

- 4 cuil. à soupe de sucre glace
- 3 cuil. à soupe de jus de citron

1 Préchauffer le four à 180 °C (th. 6). Graisser légèrement un moule à fond amovible de 20 cm de diamètre et chemiser le fond de papier sulfurisé.

2 Tamiser la farine et la levure dans une jatte et ajouter le sucre en poudre.

3 Dans une autre jatte, battre les œufs avec la crème aigre, le zeste de citron, le jus de citron et l'huile.

4 Verser le contenu de la seconde jatte dans la première et bien mélanger le tout.

5 Répartir la préparation dans le moule et cuire 45 à 60 minutes, jusqu'à ce que le gâteau ait levé et soit doré.

6 Pendant ce temps, préparer le sirop. Mettre le sucre glace et le jus de citron dans une petite casserole et chauffer à feu doux sans cesser de remuer jusqu'à ce que le mélange commence à bouillonner et à devenir sirupeux.

7 Sortir le gâteau du four et le piquer en plusieurs endroits à l'aide d'une fine brochette, puis l'enduire de sirop. Laisser refroidir complètement avant de démouler et servir.

Gâteau chocolaté
blanc et noir

Pour 10 personnes

Ingrédients
- 225 g de beurre, ramolli, un peu plus pour graisser
- 225 g de sucre blond en poudre
- 4 œufs, battus
- 225 g de farine levante
- 55 g de cacao en poudre
- un peu de lait (facultatif)

Garniture
- 250 ml de crème fouettée
- 225 g de chocolat blanc, brisé en morceaux

Nappage
- 350 g de chocolat noir, brisé en morceaux
- 115 g de beurre
- 100 ml de crème fraîche épaisse

Décoration
- 115 g de grands copeaux de chocolat noir
- 2 cuil. à café d'un mélange de sucre glace et de cacao en poudre

1 Pour la garniture, mettre la crème fouettée dans une casserole et la porter à frémissement. Mettre le chocolat blanc dans un robot de cuisine et le hacher. Moteur en marche, verser la crème chaude et continuer à mixer 10 à 15 secondes, jusqu'à obtention d'une consistance lisse. Transférer dans une jatte, laisser refroidir et couvrir de film alimentaire. Mettre 2 heures au réfrigérateur, jusqu'à ce que la garniture soit ferme, puis fouetter jusqu'à ce que des piques souples se forment.

2 Préchauffer le four à 180 °C (th. 6). Graisser un moule de 20 cm de diamètre et chemiser le fond de papier sulfurisé.

3 Battre le beurre en crème avec le sucre jusqu'à ce qu'il blanchisse. Incorporer progressivement les œufs. Tamiser la farine et le cacao, et les ajouter à la préparation avec le lait, si nécessaire, de façon à obtenir une préparation qui ne soit pas trop épaisse.

4 Répartir la préparation dans le moule et cuire 45 à 50 minutes au four préchauffé, jusqu'à ce que la pointe d'un couteau piquée au centre ressorte sans trace de pâte. Laisser reposer 5 minutes, puis démouler sur une grille et laisser refroidir complètement.

5 Pour le nappage, faire fondre le chocolat au bain-marie, puis incorporer le beurre et la crème fraîche. Laisser refroidir en remuant de temps en temps jusqu'à obtention d'une consistance de pâte à tartiner.

6 Couper le gâteau en trois dans l'épaisseur, puis assembler les trois parties avec la garniture au chocolat. Couvrir le sommet et les côtés du gâteau avec le nappage, puis décorer de copeaux de chocolat. Tamiser le sucre glace et le cacao sur le gâteau avant de servir.

Gâteau au chocolat blanc et au café

Pour 8 à 10 personnes

Ingrédients

- 40 g de beurre doux, un peu plus pour graisser
- 85 g de chocolat blanc
- 125 g de sucre en poudre
- 4 gros œufs, battus
- 2 cuil. à soupe de café noir très serré
- 1 cuil. à café d'extrait de vanille
- 125 g de farine
- copeaux de chocolat blanc, pour décorer

Nappage

- 175 g de chocolat blanc
- 85 g de beurre doux
- 125 g de crème fraîche épaisse
- 125 g de sucre glace, tamisé
- 1 cuil. à soupe de liqueur de café ou de café très serré

1 Préchauffer le four à 180 °C (th. 6). Graisser 2 moules à manqué de 20 cm de diamètre et en chemiser le fond avec du papier sulfurisé.

2 Faire fondre le chocolat avec le beurre dans une jatte placée sur une casserole d'eau chaude. Remuer délicatement et retirer du feu.

3 Mettre le sucre en poudre, les œufs, le café et l'extrait de vanille dans une grande jatte, placer la jatte sur une casserole d'eau chaude et fouetter à l'aide d'un batteur jusqu'à ce que le mélange blanchisse et fasse un ruban.

4 Retirer la casserole du feu, tamiser la farine dans la casserole et mélanger délicatement. Incorporer le chocolat et le beurre fondu, puis répartir la préparation obtenue dans les moules.

5 Cuire 25 à 30 minutes au four préchauffé, jusqu'à ce que le gâteau ait levé et soit doré et souple au toucher. Laisser reposer 2 minutes, puis détacher les gâteaux des parois des moules à l'aide d'un couteau à bout rond. Démouler les gâteaux sur une grille.

6 Pour le nappage, faire fondre le chocolat avec le beurre dans une jatte placée sur une casserole d'eau chaude. Retirer la jatte de la casserole, incorporer la crème fraîche et ajouter le sucre glace et la liqueur de café. Remuer jusqu'à obtention d'une consistance homogène. Mettre au réfrigérateur au moins 30 minutes en remuant de temps en temps, jusqu'à obtention d'une consistance épaisse et brillante.

7 Assembler les deux gâteaux avec un tiers du nappage. Couvrir le gâteau assemblé avec le nappage restant à l'aide d'une spatule pour donner de la texture. Garnir de copeaux de chocolat blanc et laisser prendre.

Chapitre 2
Petits gâteaux

Macarons à la vanille

Pour 16 macarons

Ingrédients

- 75 g de poudre d'amandes
- 115 g de sucre glace
- 2 gros blancs d'œufs
- 50 g de sucre en poudre
- ½ cuil. à café d'extrait de vanille

Garniture

- 55 g de beurre, ramolli
- ½ cuil. à café d'extrait de vanille
- 115 g de sucre glace, tamisé

1 Mettre la poudre d'amandes et le sucre glace dans un robot de cuisine et mixer 15 secondes. Tamiser le mélange dans une jatte. Chemiser 2 plaques de four de papier sulfurisé.

2 Monter les blancs d'œufs en neige souple, puis incorporer progressivement le sucre glace sans cesser de battre de façon à obtenir une neige ferme et brillante. Incorporer l'extrait de vanille.

3 À l'aide d'une spatule, incorporer le mélange à base de poudre d'amande aux blancs en neige, un tiers à la fois. Continuer ensuite à remuer jusqu'à ce que la préparation soit brillante et fasse un ruban.

4 Transférer la préparation dans une poche à douille munie d'un embout lisse de 1 cm de diamètre. Façonner 32 ronds de pâte sur les plaques. Cogner fermement les plaques sur le plan de travail de façon à laisser s'échapper les éventuelles bulles d'air. Laisser reposer 30 minutes à température ambiante. Préchauffer le four à 160 °C (th. 5-6).

5 Cuire 10 à 15 minutes au four préchauffé, puis laisser reposer 10 minutes. Décoller délicatement les macarons du papier sulfurisé et laisser refroidir complètement.

6 Pour préparer la garniture, battre le beurre en crème avec l'extrait de vanille jusqu'à ce qu'il blanchisse, puis incorporer progressivement le sucre glace. Assembler les macarons deux par deux avec la garniture.

Macarons chocolat-noisette

Pour 16 macarons

Ingrédients
- 50 g de poudre d'amandes
- 25 g de noisettes, finement moulues, puis 1 cuil. à soupe de noisettes hachées, pour la décoration
- 115 g de sucre glace
- 2 gros blancs d'œufs
- 50 g de sucre en poudre
- 6 cuil. à soupe de pâte à tartiner au chocolat et à la noisette

1 Mettre la poudre d'amandes, les noisettes en poudre et le sucre glace dans un robot de cuisine et mixer 15 secondes. Tamiser le mélange dans une jatte. Chemiser 2 plaques de four de papier sulfurisé.

2 Monter les blancs d'œufs en neige souple, puis incorporer progressivement le sucre glace sans cesser de battre de façon à obtenir une neige ferme et brillante.

3 À l'aide d'une spatule, incorporer le mélange à base de poudre d'amande aux blancs en neige, un tiers à la fois. Continuer ensuite à remuer jusqu'à ce que la préparation soit brillante et fasse un ruban.

4 Transférer la préparation dans une poche à douille munie d'un embout lisse de 1 cm de diamètre. Façonner 32 ronds de pâte sur les plaques. Cogner fermement les plaques sur le plan de travail de façon à laisser s'échapper les éventuelles bulles d'air. Parsemer de noisettes hachées et laisser reposer 30 minutes à température ambiante. Préchauffer le four à 160 °C (th. 5-6).

5 Cuire 10 à 15 minutes au four préchauffé, puis laisser reposer 10 minutes. Décoller délicatement les macarons du papier sulfurisé et laisser refroidir complètement.

6 Assembler les macarons deux par deux avec la pâte à tartiner.

Muffins aux deux chocolats

Pour 12 muffins

Ingrédients

- 100 g de beurre, ramolli
- 115 g de sucre blanc
- 100 g de sucre roux
- 2 œufs
- 150 ml de crème aigre
- 5 cuil. à soupe de lait
- 250 g de farine
- 1 cuil. à café de bicarbonate
- 2 cuil. à soupe de cacao
  en poudre
- 190 g de pépites
  de chocolat noir

1 Préchauffer le four à 190 °C (th. 6-7). Chemiser un moule à muffins à 12 alvéoles avec des caissettes en papier.

2 Mettre le beurre et les sucres dans une jatte et battre jusqu'à ce que le mélange blanchisse, puis ajouter les œufs, la crème aigre et le lait.

3 Tamiser la farine, le bicarbonate et le cacao dans une autre jatte et incorporer le tout dans la première jatte. Ajouter les pépites de chocolat et bien mélanger. Répartir la préparation dans les caissettes.

4 Cuire 25 à 30 minutes au four préchauffé. Laisser reposer dans le moule 10 minutes, puis transférer sur une grille et laisser refroidir complètement.

Cupcakes aux pommes

Pour 12 cupcakes

Ingrédients
- 50 g de beurre, ramolli
- 70 g de sucre roux
- 1 œuf, légèrement battu
- 150 g de farine
- 1½ cuil. à café de levure chimique
- ½ cuil. à café de quatre-épices
- 1 grosse pomme à cuire, pelée, évidée et finement hachée
- 1 cuil. à soupe de jus d'orange

Garniture
- 40 g de farine
- ½ cuil. à café de quatre-épices
- 25 g de beurre
- 40 g de sucre en poudre

1 Préchauffer le four à 180 °C (th. 6). Chemiser un moule à 12 alvéoles avec 12 caissettes en papier.

2 Pour la garniture, mettre la farine, le quatre-épices, le beurre et le sucre dans une jatte et mélanger avec les doigts de façon à obtenir une consistance de chapelure. Réserver.

3 Pour les cupcakes, battre le beurre en crème avec le sucre dans une jatte jusqu'à ce que le mélange blanchisse, puis incorporer progressivement l'œuf. Tamiser la farine, la levure et le quatre-épices dans la jatte, mélanger et incorporer la pomme hachée et le jus d'orange. Répartir la préparation obtenue dans les caissettes en papier. Couvrir avec la garniture et presser légèrement.

4 Cuire 30 minutes au four préchauffé, jusqu'à ce que les cupcakes soient dorés. Laisser reposer 2 à 3 minutes et servir chaud, ou laisser reposer 10 minutes, transférer sur une grille et laisser refroidir complètement.

Cupcakes et leur nappage à la vanille

Pour 12 cupcakes

Ingrédients

- 115 g de beurre, ramolli
- 115 g de sucre blond
- 2 œufs, légèrement battus
- 115 g de farine levante
- 1 cuil. à soupe de lait
- pétales de roses cristallisés, pour décorer

Nappage

- 175 g de beurre, ramolli
- 2 cuil. à café d'extrait de vanille
- 2 cuil. à soupe de lait
- 300 g de sucre glace, tamisé

1 Préchauffer le four à 180 °C (th. 6). Garnir de caissettes en papier un moule à muffins à 12 alvéoles.

2 Dans une jatte, battre le beurre en crème avec le sucre jusqu'à ce qu'il blanchisse, puis incorporer progressivement les œufs battus. Tamiser la farine dans la jatte et mélanger délicatement à l'aide d'une cuillère métallique. Incorporer le lait.

3 Répartir la préparation dans les alvéoles du moule. Cuire 15 à 20 minutes au four préchauffé, jusqu'à ce que les muffins soient dorés et fermes au toucher. Transférer sur une grille et laisser refroidir.

4 Pour préparer le nappage, mettre le beurre, l'extrait de vanille et le lait dans une grande jatte. Fouetter à l'aide d'un batteur électrique jusqu'à obtention d'une consistance homogène. Incorporer progressivement le sucre glace et battre encore 2 à 3 minutes, jusqu'à ce que le nappage soit très léger et crémeux.

5 Transférer le nappage dans une grande poche à douille munie d'un embout en forme d'étoile et garnir chaque cupcake d'une volute de nappage. Décorer de pétales de roses cristallisés et servir.

Brownies
pistache-chocolat blanc

Pour 12 brownies

Ingrédients

- 150 g de chocolat noir, brisé en morceaux
- 225 g de beurre, ramolli, un peu plus pour graisser
- 225 g de farine levante
- 125 g de sucre en poudre
- 4 œufs, battus
- 75 g de pistaches, hachées
- 100 g de chocolat blanc, concassé
- sucre glace, pour saupoudrer

1 Préchauffer le four à 180 °C (th. 6). Graisser un moule carré de 23 cm de côté et le chemiser de papier sulfurisé.

2 Faire fondre le chocolat au bain-marie avec le beurre, remuer et laisser tiédir.

3 Tamiser la farine dans une jatte et ajouter le sucre en poudre.

4 Incorporer les œufs au chocolat et au beurre fondus, verser le mélange dans la jatte et bien battre le tout. Ajouter les pistaches et le chocolat blanc, répartir la préparation dans le moule et lisser la surface à l'aide d'une spatule.

5 Cuire 30 à 35 minutes au four préchauffé, jusqu'à ce que le brownie soit ferme au toucher sur les bords. Laisser reposer 20 minutes, puis démouler sur une grille. Saupoudrer de sucre glace et laisser refroidir complètement. Couper en 12 parts et servir.

Brownies au fudge
et aux chamallows

Pour 16 brownies

Ingrédients

- 225 g de beurre, fondu, un peu plus pour graisser
- 100 g de farine, un peu plus pour saupoudrer
- 140 g de sucre
- 3 cuil. à soupe de cacao en poudre amer
- ½ cuil. à café de levure chimique
- 2 œufs, légèrement battus
- 1 cuil. à café d'extrait de vanille
- 70 g de cerises confites, coupées en quartiers
- 70 g d'amandes mondées, hachées
- 100 g de chamallows, hachés

Nappage au fudge

- 200 g de sucre glace
- 2 cuil. à soupe de cacao en poudre
- 3 cuil. à soupe de lait concentré
- ½ cuil. à café d'extrait de vanille

1 Préchauffer le four à 160 °C (th. 5-6). Graisser et fariner un moule carré de 23 cm de côté.

2 Tamiser la farine, le sucre, le cacao et la levure dans une jatte et creuser un puits au centre. Verser le beurre fondu, les œufs et l'extrait de vanille dans le puits et bien battre le tout.

3 Incorporer les cerises et les amandes, et répartir la préparation dans le moule. Cuire 35 à 40 minutes au four préchauffé, jusqu'à ce que la surface du brownie soit ferme. Laisser reposer dans le moule.

4 Pour le nappage, mettre tous les ingrédients dans une jatte et battre jusqu'à obtention d'une consistance homogène.

5 Garnir le brownie froid de nappage et parsemer de chamallows. Laisser prendre, puis couper en carrés.

Lamingtons

Pour 16 lamingtons

Ingrédients

- 55 g de beurre, un peu plus pour graisser
- 6 œufs
- 150 g de sucre en poudre
- 175 g de farine, tamisée
- 250 g de noix de coco déshydratée râpée non sucrée

Nappage

- 500 g de sucre glace
- 40 g de cacao en poudre amer
- 85 ml d'eau bouillante
- 75 g de beurre, fondu

1 Préchauffer le four à 180 °C (th. 6). Graisser un moule à gâteau de 20 cm de côté et chemiser le fond de papier sulfurisé. Faire fondre le beurre à feu doux dans une casserole et le laisser tiédir.

2 Mettre les œufs et le sucre dans une jatte résistant à la chaleur et fouetter au-dessus d'une casserole d'eau frémissante jusqu'à ce que le mélange blanchisse et fasse un ruban.

3 Retirer du feu, puis incorporer la farine et le beurre fondu. Répartir le tout dans le moule. Cuire 35 à 40 minutes au four préchauffé, jusqu'à ce que le gâteau ait levé et qu'il soit doré et souple au toucher.

4 Laisser reposer 2 à 3 minutes, démouler sur une grille et laisser refroidir. Découper en 16 carrés.

5 Pour le nappage, tamiser le sucre glace et le cacao dans une jatte et incorporer l'eau et le beurre jusqu'à obtention d'une consistance homogène. Plonger chaque carré dans le nappage, puis le passer dans la noix de coco pour l'enrober. Laisser prendre sur du papier sulfurisé.

Douceurs
au chocolat malté

Pour 16 barres

Ingrédients
- 85 g de beurre, un peu plus pour graisser
- 2 cuil. à soupe de golden syrup
- 2 cuil. à soupe de chocolat malté en poudre
- 225 g de biscuits au lait malté
- 75 g de chocolat noir ou au lait, brisé en morceaux
- 2 cuil. à soupe de sucre glace
- 2 cuil. à soupe de lait

1 Graisser et chemiser de papier sulfurisé un moule de 18 cm de diamètre.

2 Mettre le beurre, le golden syrup et le chocolat malté en poudre dans une petite casserole et chauffer à feu doux sans cesser de remuer jusqu'à ce que le beurre ait fondu et que le tout soit bien mélangé.

3 Écraser les biscuits dans un sac en plastique à l'aide d'un rouleau à pâtisserie, ou les réduire en miettes dans un robot de cuisine. Incorporer les miettes à la préparation.

4 Presser la préparation dans le moule et la mettre au réfrigérateur jusqu'à ce qu'elle soit ferme.

5 Faire fondre le chocolat au bain-marie avec le sucre et le lait, et remuer jusqu'à ce que le tout soit bien mélangé.

6 Étaler le mélange obtenu dans le moule et laisser prendre. Couper en triangles à l'aide d'un couteau tranchant et servir.

Carrés
aux noix de macadamia

Pour 16 carrés

Ingrédients
- 115 g de beurre, un peu plus pour graisser
- 115 g de noix de macadamia
- 280 g de farine
- 175 g de sucre blond

Garniture
- 115 g de beurre
- 100 g de sucre blond
- 200 g de pépites de chocolat au lait

1 Préchauffer le four à 180 °C (th. 6). Graisser un moule de 30 x 20 cm.

2 Concasser les noix de macadamia. Pour le biscuit, mettre la farine, le sucre et le beurre dans une jatte et mélanger avec les doigts de façon à obtenir une consistance de fine chapelure.

3 Presser la préparation dans le moule et répartir les noix de macadamia dessus.

4 Pour la garniture, mettre le beurre et le sucre dans une casserole et porter à ébullition à feu doux sans cesser de remuer. Laisser bouillir 1 minute sans cesser de remuer, puis verser la préparation sur les noix de macadamia.

5 Cuire 20 minutes au four préchauffé, jusqu'à ce que le caramel soit bouillant. Sortir le moule du four et parsemer de pépites de chocolat immédiatement. Laisser reposer 2 à 3 minutes, jusqu'à ce que les pépites de chocolat commencent à fondre, puis dessiner des volutes dans le chocolat fondu avec la lame d'un couteau. Laisser reposer dans le moule, puis couper en carrés et servir.

Sablés au chocolat
et au caramel

Pour 12 sablés

Ingrédients

- 115 g de beurre, un peu plus
  pour graisser
- 175 g de farine
- 55 g de sucre

Garniture

- 175 g de beurre
- 115 g de sucre
- 3 cuil. à soupe de golden syrup
- 400 g de lait concentré
- 200 g de chocolat noir,
  brisé en morceaux

1 Préchauffer le four à 180 °C (th. 6). Graisser et chemiser le fond d'un moule carré de 23 cm de côté.

2 Mettre le beurre, la farine et le sucre dans un robot de cuisine et mixer jusqu'à obtention d'une pâte. Presser la pâte dans le moule et lisser la surface. Cuire 20 à 25 minutes au four préchauffé, jusqu'à ce que le biscuit soit doré.

3 Pendant ce temps, pour la garniture, mettre le beurre, le sucre, le golden syrup et le lait concentré dans une casserole et chauffer à feu doux jusqu'à ce que le sucre soit dissous. Porter à ébullition, puis réduire le feu et laisser mijoter 6 à 8 minutes sans cesser de remuer, jusqu'à ce que la préparation soit très épaisse. Verser sur le biscuit et laisser prendre au réfrigérateur.

4 Faire fondre le chocolat au bain-marie et le laisser refroidir, puis le verser sur le caramel. Laisser prendre au réfrigérateur, puis couper en 12 petits pavés et servir.

Biscottis aux amandes

Pour environ 35 biscottis

Ingrédients

- 250 g d'amandes entières mondées
- 200 g de farine, un peu plus pour saupoudrer
- 175 g de sucre en poudre, un peu plus pour saupoudrer
- 1 cuil. à café de levure chimique
- ½ cuil. à café de cannelle en poudre
- 2 œufs
- 2 cuil. à café d'extrait de vanille

1 Préchauffer le four à 180 °C (th. 6). Chemiser deux plaques de four de papier sulfurisé.

2 Concasser grossièrement les amandes et en laisser certaines entières. Mélanger la farine, le sucre, la levure et la cannelle dans une jatte, puis ajouter les amandes.

3 Battre les œufs avec l'extrait de vanille et les ajouter dans la jatte, puis mélanger jusqu'à obtention d'une pâte ferme. Pétrir légèrement la pâte sur un plan de travail fariné.

4 Diviser la pâte en deux et façonner chaque portion en un boudin de 5 cm d'épaisseur. Déposer les boudins sur les plaques et les saupoudrer de sucre. Cuire 20 à 25 minutes au four préchauffé, jusqu'à ce que les boudins soient fermes.

5 Retirer les boudins du four et les laisser tiédir, puis les déposer sur une planche à découper. Couper les boudins en tranches de 1 cm d'épaisseur. Pendant ce temps, réduire la température du four à 160 °C (th. 5-6).

6 Déposer les tranches sur les plaques et les cuire 15 à 20 minutes au four, jusqu'à ce qu'elles soient sèches et croustillantes. Laisser refroidir sur une grille et conserver dans un récipient hermétique.

Flapjacks aux noisettes

Pour 16 flapjacks

Ingrédients
- 200 g de flocons d'avoine
- 115 g de noisettes hachées
- 55 g de farine
- 115 g de beurre, un peu plus pour graisser
- 2 cuil. à soupe de golden syrup
- 85 g de sucre roux

1 Préchauffer le four à 180 °C. Graisser un moule carré de 23 cm de côté. Mettre les flocons d'avoine, les noisettes hachées et la farine dans une jatte et bien mélanger le tout.

2 Mettre le beurre, le golden syrup et le sucre dans une casserole et chauffer à feu doux jusqu'à ce que le tout ait fondu. Verser le contenu de la casserole dans la jatte et mélanger. Répartir la préparation dans le moule et lisser la surface avec le dos d'une cuillère.

3 Cuire 20 à 25 minutes au four préchauffé, jusqu'à ce que le gâteau soit doré et ferme au toucher. Découper en 16 morceaux et laisser refroidir dans le moule.

Carrés chocolat-cacahuète

Pour 20 carrés

Ingrédients
- 225 g de beurre, un peu plus pour graisser
- 300 g de chocolat au lait
- 350 g de farine
- 1 cuil. à café de levure chimique
- 350 g de sucre blond
- 175 g de flocons d'avoine
- 70 g d'un mélange de fruits à coque
- 1 œuf, légèrement battu
- 400 g de lait concentré
- 70 g de beurre de cacahuète avec des éclats

1 Préchauffer le four à 180 °C (th. 6). Graisser un moule de 30 x 20 cm.

2 Hacher finement le chocolat. Tamiser la farine et la levure dans une jatte et incorporer le beurre avec les doigts de façon à obtenir une consistance de chapelure. Ajouter le sucre, les flocons d'avoine et les fruits à coque.

3 Transférer un quart de la préparation dans une jatte et ajouter le chocolat haché. Réserver.

4 Incorporer l'œuf aux trois quarts de préparation restants, puis presser le tout dans le moule. Cuire 15 minutes au four préchauffé. Pendant ce temps, mélanger le lait concentré et le beurre de cacahuètes. Répartir le mélange dans le moule, puis parsemer du quart de préparation réservé et presser légèrement.

5 Cuire au four encore 20 minutes, jusqu'à ce que le biscuit soit doré. Laisser reposer dans le moule, puis couper en carrés.

Petits pavés
chocolat blanc-abricot

Pour 12 bouchées

Ingrédients
- 125 g de beurre,
  un peu plus pour graisser
- 175 g de chocolat blanc,
  haché
- 4 œufs
- 100 g de sucre en poudre
- 250 g de farine, tamisée
- 1 cuil. à café de levure chimique
- 1 pincée de sel
- 100 g d'abricots secs
  moelleux, hachés

1 Préchauffer le four à 180 °C (th. 6). Graisser un moule carré de 20 cm de côté et chemiser le fond de papier sulfurisé.

2 Faire fondre le chocolat avec le beurre au bain-marie en remuant souvent de façon à obtenir une consistance brillante et homogène. Laisser tiédir.

3 Incorporer les œufs et le sucre en poudre à la préparation.

4 Ajouter la farine, la levure, le sel et les abricots secs, et bien mélanger le tout.

5 Verser la préparation dans le moule et cuire 25 à 30 minutes au four préchauffé. Le centre ne doit pas être tout à fait ferme, il prendra en refroidissant. Laisser refroidir dans le moule.

6 Démouler délicatement et couper en petits pavés.

Shortcakes à la fraise

Pour 12 shortcakes

Ingrédients
- 225 g de beurre, ramolli
- 1 cuil. à café d'extrait de vanille
- 85 g de sucre glace, un peu plus pour saupoudrer
- 175 g de farine levante
- 55 g de maïzena
- 2 cuil. à soupe de confiture de fraises

1 Préchauffer le four à 180 °C (th. 6). Garnir un moule à muffins à 12 alvéoles de caissettes en papier.

2 Mettre le beurre et l'extrait de vanille dans une grande jatte et battre à l'aide d'un batteur électrique jusqu'à ce que le beurre soit très tendre. Tamiser le sucre glace dans la jatte et battre de nouveau.

3 Tamiser ensemble la farine et la maïzena dans la jatte et mélanger jusqu'à obtention d'une consistance homogène. Transférer la préparation dans une poche à douille munie d'un embout en forme d'étoile et remplir les caissettes en laissant un petit creux au centre.

4 Cuire 15 à 20 minutes au four préchauffé, jusqu'à ce que les shortcakes soient dorés. Laisser reposer 15 minutes, puis démouler sur une grille et laisser refroidir complètement.

5 Déposer un peu de confiture au centre de chaque shortcake et saupoudrer de sucre glace.

Biscuits fourrés
aux chamallows

Pour 10 biscuits

Ingrédients

- 175 g de farine
- 1½ cuil. à café de bicarbonate de soude
- 40 g de cacao en poudre
- 1 bonne pincée de sel
- 85 g de beurre, ramolli
- 85 g de saindoux
- 150 g de sucre roux
- 1 gros œuf, battu
- 1 cuil. à café d'extrait de vanille
- 150 ml de lait

Garniture au chamallow

- 225 g de chamallows blancs
- 4 cuil. à soupe de lait
- 115 g de saindoux
- 55 g de sucre glace, tamisé

1 Préchauffer le four à 180 °C (th. 6). Chemiser 2 ou 3 plaques de four avec du papier sulfurisé. Tamiser la farine avec le bicarbonate de soude, le cacao et le sel.

2 Mettre le beurre, le saindoux et le sucre dans une grande jatte et battre à l'aide d'un batteur électrique jusqu'à ce que le mélange blanchisse. Incorporer l'œuf et l'extrait de vanille, puis la moitié du mélange à base de farine et le lait. Ajouter ensuite le mélange à base de farine restant et bien mélanger le tout.

3 Déposer 18 tas de pâte sur les plaques en les espaçant bien de sorte que les biscuits puissent s'étendre à la cuisson. Cuire 12 à 14 minutes au four préchauffé, une plaque à la fois, jusqu'à ce que les biscuits aient levé et soient juste fermes au toucher. Laisser reposer 5 minutes, puis transférer sur une grille à l'aide d'une spatule et laisser refroidir complètement.

4 Pour préparer la garniture, faire fondre les chamallows avec le lait au bain-marie en remuant de temps en temps. Retirer du feu et laisser refroidir.

5 Mettre le saindoux et le sucre glace dans un bol et battre jusqu'à obtention d'une consistance crémeuse. Ajouter les chamallows fondus et battre 1 à 2 minutes, jusqu'à obtention d'une consistance légère.

6 Assembler les biscuits deux par deux avec la garniture.

Bouchées aux noisettes

Pour 16 bouchées

Ingrédients

- 150 g de farine
- 1 pincée de sel
- 1 cuil. à café de levure chimique
- 100 g de beurre, coupé en dés, un peu plus pour graisser
- 150 g de sucre roux
- 1 œuf, battu
- 4 cuil. à soupe de lait
- 100 g de noisettes, coupées en deux
- sucre roux, pour saupoudrer (facultatif)

1 Préchauffer le four à 180 °C (th. 6). Graisser un moule carré de 23 cm de côté et chemiser le fond de papier sulfurisé.

2 Tamiser la farine, le sel et la levure dans une grande jatte. Incorporer le beurre avec les doigts de façon à obtenir une consistance de chapelure, puis ajouter le sucre roux.

3 Ajouter l'œuf, le lait et les noisettes, et bien mélanger le tout.

4 Répartir la préparation obtenue dans le moule et lisser la surface, puis saupoudrer éventuellement de sucre roux.

5 Cuire 25 minutes au four préchauffé, jusqu'à ce que le gâteau soit ferme au toucher.

6 Laisser reposer 10 minutes, puis détacher le gâteau des bords du moule à l'aide d'un couteau à bout rond et démouler sur une grille. Couper en carrés de la taille d'une bouchée et servir.

Barres aux dattes et aux pistaches

Pour 12 barres

Ingrédients

- 250 g de dattes dénoyautées, hachées
- 2 cuil. à soupe de jus de citron
- 2 cuil. à soupe d'eau
- 85 g de pistaches, hachées
- 2 cuil. à soupe de miel liquide
- lait, pour dorer

Pâte

- 225 g de farine, un peu plus pour saupoudrer
- 25 g de sucre blond
- 150 g de beurre
- 4 à 5 cuil. à soupe d'eau froide

1 Mettre les dattes, le jus de citron et l'eau dans une casserole et porter à ébullition sans cesser de remuer. Retirer la casserole du feu et ajouter les pistaches et 1 cuillerée à soupe de miel. Couvrir et laisser refroidir.

2 Préchauffer le four à 200 °C (th. 6-7). Pour la pâte, mettre la farine, le sucre et le beurre dans un robot de cuisine et mixer jusqu'à obtention d'une consistance de chapelure.

3 Incorporer juste assez d'eau pour obtenir une pâte souple, mais qui ne colle pas. Sur un plan de travail fariné, abaisser la pâte en deux rectangles de 30 x 20 cm. Déposer un des rectangles sur une plaque de four.

4 Étaler la garniture à base de dattes sur le rectangle en laissant 1 cm de marge. Couvrir avec le second rectangle de pâte, sceller et égaliser les bords. Dessiner 12 barres et enduire de lait.

5 Cuire 20 à 25 minutes au four préchauffé, jusqu'à ce que le gâteau soit doré. Enduire avec le miel restant et laisser refroidir sur une grille. Couper en 12 barres et servir.

Chapitre 3
Cookies et biscuits

Cookies aux pépites de chocolat

Pour 18 cookies

Ingrédients

- 125 g de margarine, un peu plus pour graisser
- 175 g de farine
- 1 cuil. à café de levure chimique
- 85 g de sucre roux
- 5 cuil. à soupe de sucre en poudre
- ½ cuil. à café d'extrait de vanille
- 1 œuf
- 125 g de pépites de chocolat noir

1 Préchauffer le four à 190 °C (th. 6-7). Graisser légèrement deux plaques de four.

2 Mettre tous les ingrédients dans une grande jatte et battre jusqu'à ce qu'ils soient bien mélangés.

3 Déposer des cuillerées à soupe du mélange sur les plaques en les espaçant bien de sorte que les cookies puissent s'étendre à la cuisson.

4 Cuire 10 à 12 minutes au four préchauffé, jusqu'à ce que les cookies soient bien dorés.

5 À l'aide d'une spatule, transférer les cookies sur une grille et les laisser refroidir complètement avant de servir.

Biscuits
aux flocons d'avoine

Pour 30 biscuits

Ingrédients

- 175 g de beurre ou de margarine, un peu plus pour graisser
- 275 g de sucre roux
- 1 œuf
- 4 cuil. à soupe d'eau
- 1 cuil. à café d'extrait de vanille
- 375 g de flocons d'avoine
- 140 g de farine
- 1 cuil. à café de sel
- ½ cuil. à café de bicarbonate de soude

1 Préchauffer le four à 180 °C (th. 6) et graisser une grande plaque de four.

2 Battre le beurre en crème avec le sucre dans une jatte. Incorporer l'œuf, l'eau et l'extrait de vanille. Dans une autre jatte, mélanger les flocons d'avoine, la farine, le sel et le bicarbonate de soude.

3 Incorporer progressivement le contenu de la seconde jatte dans la première de façon à obtenir une préparation homogène.

4 Déposer des cuillerées à soupe de préparation sur la plaque en veillant à bien les espacer. Cuire 15 minutes au four préchauffé, jusqu'à ce que les biscuits soient bien dorés.

5 Sortir les biscuits du four et les laisser refroidir sur une grille avant de servir.

Biscuits au beurre de cacahuète

Pour 26 biscuits

Ingrédients

- 115 g de beurre, ramolli, un peu plus pour graisser
- 115 g de beurre de cacahuète, avec des éclats de cacahuètes
- 115 g de sucre roux
- 115 g de sucre blond
- 1 œuf, battu
- ½ cuil. à café d'extrait de vanille
- 85 g de farine
- ½ cuil. à café de bicarbonate de soude
- ½ cuil. à café de levure chimique
- 1 pincée de sel
- 115 g de flocons d'avoine

1 Préchauffer le four à 180 °C (th. 6) et graisser 3 plaques de four.

2 Dans une jatte, battre le beurre de cacahuète avec le beurre, puis incorporer le sucre roux et le sucre blond. Ajouter progressivement l'œuf et l'extrait de vanille en battant bien après chaque ajout.

3 Tamiser la farine, le bicarbonate, la levure et le sel dans la jatte, ajouter les flocons d'avoine et mélanger jusqu'à ce que le tout soit juste mélangé.

4 Déposer des cuillerées à soupe de la préparation sur les plaques en les espaçant bien de sorte que les biscuits puissent s'étendre à la cuisson. Aplatir légèrement chaque tas de pâte à l'aide d'une fourchette.

5 Cuire 12 minutes au four préchauffé, jusqu'à ce que les biscuits soient légèrement dorés. Laisser reposer 2 minutes sur les plaques, puis laisser refroidir complètement sur une grille.

Biscuits aux amandes
et cerises confites

Pour 25 biscuits

Ingrédients

- 200 g de beurre, coupé en dés, un peu plus pour graisser
- 90 g de sucre en poudre
- ½ cuil. à café d'extrait d'amande
- 280 g de farine levante
- 25 g de poudre d'amande
- 25 cerises confites (poids total d'environ 125 g)

1 Préchauffer le four à 180 °C (th. 6). Graisser plusieurs plaques de four.

2 Mettre le beurre dans une grande casserole et le faire fondre à feu doux. Retirer la casserole du feu. Ajouter le sucre et l'extrait d'amande, et mélanger. Ajouter ensuite la farine et la poudre d'amande, et mélanger de nouveau jusqu'à obtention d'une pâte lisse.

3 Façonner des billes de pâte entre la paume des mains (25 au total) et les répartir sur les plaques en les espaçant bien. Aplatir légèrement les billes avec la main et y déposer une cerise confite au centre. Cuire 10 à 15 minutes au four préchauffé, jusqu'à ce que les biscuits soient dorés.

4 Laisser reposer 2 à 3 minutes sur les plaques, puis laisser refroidir complètement sur une grille.

Cookies à la cannelle
et au chocolat

Pour environ 30 cookies

Ingrédients
- 225 g de beurre, ramolli
- 140 g de sucre glace
- 1 jaune d'œuf, légèrement battu
- 2 cuil. à café d'extrait d'orange
- 280 g de farine
- 1 pincée de sel
- 100 g de pépites de chocolat noir

Enrobage à la cannelle
- 1½ cuil. à soupe de sucre en poudre
- 1½ cuil. à soupe de cannelle en poudre

1 Préchauffer le four à 190 °C (th. 6-7). Chemiser deux plaques de four de papier sulfurisé.

2 Dans une jatte, battre le beurre en crème avec le sucre à l'aide d'une cuillère en bois, puis incorporer le jaune d'œuf et l'extrait d'amande. Tamiser la farine et 1 pincée de sel dans la jatte, ajouter les pépites de chocolat et bien mélanger le tout.

3 Pour l'enrobage à la cannelle, mélanger le sucre en poudre et la cannelle dans un plat peu profond. Prélever des cuillerées à soupe de pâte, les façonner en billes et les passer dans le mélange à base de cannelle. Répartir les billes de pâte sur les plaques en les espaçant bien.

4 Cuire 12 à 15 minutes au four préchauffé, puis laisser reposer 5 à 10 minutes sur les plaques. Transférer délicatement les cookies sur une grille à l'aide d'une spatule et les laisser refroidir complètement.

Biscuits chocolatés
à l'orange

Pour environ 30 biscuits

Ingrédients
- 75 g de beurre, ramolli
- 75 g de sucre en poudre
- 1 œuf
- 1 cuil. à soupe de lait
- 225 g de farine
- 25 g de cacao en poudre

Glaçage
- 175 g de sucre glace, tamisé
- 3 cuil. à soupe de jus d'orange
- chocolat noir, fondu

1 Préchauffer le four à 180 °C (th. 6). Chemiser deux plaques de four avec du papier sulfurisé.

2 Battre le beurre en crème avec le sucre jusqu'à ce que le mélange blanchisse. Incorporer l'œuf et le lait. Tamiser ensemble la farine et le cacao, et les incorporer progressivement à la préparation de façon à obtenir une pâte homogène. Mélanger avec les mains pour incorporer l'éventuelle farine restante et compacter la pâte.

3 Abaisser la pâte sur un plan légèrement fariné de sorte qu'elle ait 5 mm d'épaisseur. Découper autant de biscuits que possible à l'aide d'un emporte-pièce cannelé de 5 cm de diamètre. Pétrir et abaisser les chutes de pâte et découper de nouveau autant de biscuits que possible.

4 Mettre les biscuits sur les plaques de four et les cuire 10 à 12 minutes au four préchauffé, jusqu'à ce qu'ils soient dorés.

5 Laisser les biscuits reposer quelques minutes sur les plaques, puis les laisser refroidir complètement sur une grille.

6 Pour le glaçage, mettre le sucre glace dans un bol et incorporer assez de jus d'orange pour obtenir une consistance qui nappe le dos de la cuillère. Étaler le glaçage sur les biscuits et laisser prendre. Arroser de chocolat fondu et laisser prendre de nouveau avant de servir.

Biscuits chocolat-noisette

Pour environ 30 biscuits

Ingrédients
- 225 g de beurre, ramolli
- 140 g de sucre en poudre
- 1 jaune d'œuf, légèrement battu
- 2 cuil. à café d'extrait de vanille
- 225 g de farine
- 55 g de cacao en poudre
- 1 pincée de sel
- 55 g de noisettes en poudre
- 55 g de pépites de chocolat noir
- 4 cuil. à soupe de pâte à tartiner au chocolat et à la noisette

1 Préchauffer le four à 190 °C (th. 6-7). Chemiser deux plaques de four avec du papier sulfurisé.

2 Dans une jatte, battre le beurre en crème avec le sucre à l'aide d'une cuillère en bois, puis incorporer le jaune d'œuf et l'extrait de vanille. Tamiser la farine, le cacao et 1 pincée de sel dans la jatte. Ajouter les noisettes en poudre et les pépites de chocolat, et bien mélanger le tout.

3 Prélever des cuillerées à soupe de pâte et les façonner en billes entre la paume des mains. Mettre les billes sur les plaques en les espaçant bien, et ménager un creux au centre de chaque bille en y plantant le manche humide d'une cuillère en bois.

4 Cuire 12 à 15 minutes au four préchauffé, puis laisser reposer 5 à 10 minutes sur les plaques. Transférer délicatement les biscuits sur une grille à l'aide d'une spatule et laisser refroidir complètement. Garnir enfin les creux de pâte à tartiner.

Biscuits aux noix de pécan

Pour 18 biscuits

Ingrédients

- 85 g de noix de pécan
- 115 g de beurre, ramolli,
  un peu plus pour graisser
- 2 cuil. à soupe de sirop d'érable
- 85 g de sucre roux
- 1 gros jaune d'œuf, légèrement
  battu
- 115 g de farine levante

1 Préchauffer le four à 190 °C (th. 6-7). Graisser légèrement deux plaques de four. Réserver 18 cerneaux de noix de pécan et concasser les noix restantes.

2 Dans une jatte, battre le beurre en crème avec le sirop d'érable et le sucre à l'aide d'une cuillère en bois jusqu'à ce que le mélange blanchisse. Incorporer le jaune. Tamiser la farine dans la jatte, ajouter les noix de pécan concassées et bien mélanger le tout de façon à obtenir une pâte épaisse.

3 Déposer 18 cuillerées à soupe de pâte sur les plaques de four en les espaçant bien. Garnir chaque tas de pâte avec un cerneau de noix de pécan et presser légèrement.

4 Cuire 10 à 12 minutes au four préchauffé, jusqu'à ce que les biscuits soient légèrement dorés. Laisser reposer 10 minutes, puis transférer sur une grille et laisser refroidir complètement.

Cookies à la banane
et aux raisins secs

Pour environ 30 cookies

Ingrédients

- 25 g de raisins secs
- 125 ml de jus d'orange
  ou de rhum
- 225 g de beurre, ramolli
- 140 g de sucre en poudre
- 1 jaune d'œuf, légèrement battu
- 280 g de farine
- 1 pincée de sel
- 85 g de bananes séchées,
  finement hachées

1 Mettre les raisins secs dans un bol, ajouter le jus d'orange ou le rhum, et laisser macérer 30 minutes. Égoutter les raisins secs en réservant le liquide de trempage.

2 Préchauffer le four à 190 °C (th. 6-7). Chemiser deux plaques de four avec du papier sulfurisé. Dans une jatte, battre le beurre en crème avec le sucre jusqu'à ce qu'il blanchisse, puis incorporer le jaune d'œuf et 2 cuillerées à café du liquide de trempage réservé. Tamiser ensemble la farine et le sel dans la jatte, ajouter les raisins secs et les bananes séchées, et bien mélanger le tout.

3 Déposer des cuillerées à soupe de pâte sur les plaques de four en les espaçant bien, puis les aplatir légèrement.

4 Cuire 12 à 15 minutes au four préchauffé, jusqu'à ce que les cookies soient dorés. Laisser reposer 5 à 10 minutes sur les plaques, puis transférer sur une grille et laisser refroidir complètement.

Cookies
canneberge-noix de coco

Pour environ 30 cookies

Ingrédients

- 225 g de beurre, ramolli
- 140 g de sucre en poudre
- 1 jaune d'œuf, légèrement battu
- 2 cuil. à café d'extrait de vanille
- 280 g de farine
- 1 pincée de sel
- 40 g de noix de coco râpée déshydratée
- 60 g de canneberges séchées

1 Préchauffer le four à 190 °C (th. 6-7). Chemiser deux plaques de four avec du papier sulfurisé.

2 Dans une jatte, battre le beurre en crème avec le sucre à l'aide d'une cuillère en bois, puis incorporer le jaune d'œuf et l'extrait de vanille.

3 Tamiser ensemble la farine et le sel dans la jatte, ajouter la noix de coco et les canneberges, et bien mélanger le tout. Prélever des cuillerées à soupe de pâte et les déposer sur les plaques en les espaçant bien.

4 Cuire 12 à 15 minutes au four préchauffé, jusqu'à ce que les cookies soient dorés. Laisser reposer 5 à 10 minutes sur les plaques, puis transférer sur une grille à l'aide d'une spatule et laisser refroidir complètement.

Cookies aux noix de pécan et aux abricots

Pour environ 15 cookies

Ingrédients

- 85 g de beurre, un peu plus pour graisser
- 85 g de sucre roux
- 1 œuf, battu
- ½ cuil. à café de noix muscade râpée
- 1 cuil. à café d'extrait de vanille
- 200 g de farine levante
- 175 g d'abricots secs moelleux, grossièrement hachés
- 85 g de noix de pécan, concassées

1 Préchauffer le four à 200 °C (th. 6-7). Graisser deux plaques de four.

2 Dans une jatte, battre le beurre en crème avec le sucre, l'œuf, la noix muscade et l'extrait de vanille. Incorporer la farine, les abricots et les noix de pécan, et mélanger jusqu'à obtention d'une pâte homogène.

3 Répartir des cuillerées à soupe de pâte sur les plaques et les presser à l'aide d'une fourchette de façon à les aplatir légèrement.

4 Cuire 12 à 15 minutes au four préchauffé, jusqu'à ce que les cookies soient légèrement dorés. Laisser refroidir sur une grille.

Biscuits au gingembre

Pour 30 biscuits

Ingrédients

- 125 g de beurre,
  un peu plus pour graisser
- 350 g de farine levante
- 1 pincée de sel
- 200 g de sucre en poudre
- 1 cuil. à soupe de gingembre
  en poudre
- 1 cuil. à café de bicarbonate
  de soude
- 75 g de golden syrup
- 1 œuf, battu
- 1 cuil. à café de zeste
  d'orange râpé

1 Préchauffer le four à 160 °C (th. 5-6) et graisser légèrement plusieurs plaques de four.

2 Tamiser ensemble la farine, le sel, le sucre, le gingembre et le bicarbonate de soude dans une grande jatte.

3 Chauffer le beurre et le golden syrup dans une casserole à feu très doux jusqu'à ce que le beurre ait fondu. Retirer la casserole du feu et laisser tiédir, puis verser le contenu dans la jatte.

4 Ajouter l'œuf et le zeste d'orange, et mélanger jusqu'à obtention d'une pâte. Façonner délicatement 30 billes de pâte avec les mains.

5 Déposer les billes sur les plaques en les espaçant bien, puis les aplatir légèrement avec les doigts.

6 Cuire 15 à 20 minutes au four préchauffé, puis transférer délicatement sur une grille et laisser refroidir complètement.

Biscuits florentins

Pour 18 biscuits

Ingrédients

- 115 g de beurre, ramolli,
  un peu plus pour graisser
- 115 g de sucre en poudre
- 1 œuf, battu
- 175 g de farine
- ½ cuil. à café de bicarbonate
  de soude
- 25 g d'amandes effilées,
  légèrement pilées
- 55 g de cerises confites, hachées
- 55 g de zestes d'agrumes confits
  hachés
- 55 g de raisins secs
- 85 g de chocolat noir, fondu

1 Préchauffer le four à 190 °C (th. 6-7). Graisser légèrement deux plaques de four.

2 Dans une jatte, battre le beurre en crème avec le sucre jusqu'à ce qu'il blanchisse. Incorporer l'œuf. Tamiser la farine et le bicarbonate dans la jatte, puis mélanger jusqu'à obtention d'une pâte souple.

3 Mélanger les amandes, les cerises, les zestes confits et les raisins secs, puis incorporer la moitié de ce mélange à la pâte. Déposer 18 cuillerées de pâte sur les plaques en les espaçant bien. Parsemer du mélange de fruits restant.

4 Cuire 10 à 12 minutes au four préchauffé, jusqu'à ce que les biscuits soient dorés. Laisser reposer 10 minutes sur les plaques, puis transférer sur une grille et laisser refroidir complètement.

5 Arroser les biscuits de chocolat fondu à l'aide d'une petite cuillère et laisser prendre.

Cookies épicés au rhum

Pour 18 cookies

Ingrédients

- 175 g de beurre, ramolli, un peu plus pour graisser
- 175 g de sucre roux
- 225 g de farine
- 1 pincée de sel
- ½ cuil. à café de bicarbonate de soude
- 1 cuil. à café de cannelle en poudre
- ¼ de cuil. à café de coriandre en poudre
- ½ cuil. à café de noix muscade râpée
- ¼ de cuil. à café de clou de girofle en poudre
- 2 cuil. à soupe de rhum ambré

1 Préchauffer le four à 180 °C (th. 6). Graisser légèrement deux plaques de four.

2 Battre le beurre en crème avec le sucre jusqu'à ce qu'il blanchisse.

3 Tamiser la farine, le sel, le bicarbonate de soude, la cannelle, la coriandre, la noix muscade et le clou de girofle dans la jatte. Mélanger et incorporer le rhum.

4 Déposer 18 cuillerées à soupe de pâte sur les plaques en les espaçant bien, puis les aplatir légèrement avec le dos d'une cuillère.

5 Cuire 10 à 12 minutes au four préchauffé, jusqu'à ce que les cookies soient dorés. Laisser refroidir sur une grille avant de servir.

Biscuits aux flocons d'avoine
et aux noisettes

Pour environ 30 biscuits

Ingrédients

- 55 g de raisins secs, hachés
- 125 ml de jus d'orange
- 225 g de beurre, ramolli
- 140 g de sucre en poudre
- 1 jaune d'œuf, légèrement battu
- 2 cuil. à café d'extrait de vanille
- 225 g de farine
- 1 pincée de sel
- 55 g de flocons d'avoine
- 55 g de noisettes, hachées
- noisettes entières,
  pour décorer

1 Préchauffer le four à 190 °C (th. 6-7). Chemiser deux plaques de four de papier sulfurisé. Mettre les raisins dans un bol, ajouter le jus d'orange et laisser macérer 10 minutes.

2 Dans une jatte, battre le beurre en crème avec le sucre à l'aide d'une cuillère en bois, puis incorporer le jaune d'œuf et l'extrait de vanille. Tamiser la farine et une pincée de sel dans la jatte et ajouter les flocons d'avoine et les noisettes. Égoutter les raisins secs, les ajouter à la préparation et bien mélanger le tout.

3 Déposer des cuillerées de pâte sur les plaques de four en les espaçant bien, puis les aplatir légèrement. Déposer une noisette entière au centre de chaque biscuit.

4 Cuire 12 à 15 minutes au four préchauffé, jusqu'à ce que les biscuits soient dorés. Laisser reposer 5 à 10 minutes, puis transférer sur une grille et laisser refroidir complètement.

Biscuits croquants
au muesli

Pour 24 biscuits

Ingrédients

- 115 g de beurre, ramolli, un peu
  plus pour graisser
- 85 g de sucre roux
- 1 cuil. à soupe de miel liquide
- 115 g de farine levante
- 1 pincée de sel
- 60 g d'abricots secs moelleux,
  hachés
- 50 g de figues sèches, hachées
- 115 g de flocons d'avoine
- 1 cuil. à café de lait (facultatif)
- 40 g de raisins secs
  ou de canneberges séchées
- 40 g de noix, hachées

1 Préchauffer le four à 160 °C (th. 5-6). Graisser deux grandes plaques de four. Mettre le beurre, le sucre et le miel dans une casserole et chauffer à feu doux jusqu'à ce que le tout ait fondu. Bien mélanger.

2 Tamiser la farine et le sel dans une grande jatte et incorporer les abricots, les figues et les flocons d'avoine. Verser le contenu de la casserole dans la jatte et mélanger jusqu'à obtention d'une pâte homogène. Ajouter un peu de lait si la pâte est trop ferme.

3 Diviser la pâte en 24 morceaux et les façonner en billes. Déposer 12 billes sur chaque plaque et les abaisser de sorte qu'elles aient un diamètre de 6 cm. Mélanger les raisins secs et les noix, et presser ce mélange sur les ronds de pâte.

4 Cuire 15 minutes au four préchauffé en intervertissant la position des plaques dans le four à mi-cuisson. Laisser refroidir les biscuits sur les plaques.

Spirales citron-chocolat

Pour 40 spirales

Ingrédients

- 175 g de beurre, ramolli, un peu
  plus pour graisser
- 250 g de sucre en poudre
- 1 œuf, battu
- 350 g de farine, un peu plus
  pour saupoudrer
- 25 g de chocolat noir,
  brisé en carrés
- zeste râpé d'un citron

1 Graisser et fariner plusieurs plaques de four.

2 Dans une jatte, battre le beurre en crème avec le sucre jusqu'à ce qu'il blanchisse. Incorporer progressivement l'œuf en battant bien après chaque ajout.

3 Tamiser la farine dans la jatte et mélanger jusqu'à obtention d'une pâte souple. Transférer la moitié de la pâte dans une autre jatte. Faire fondre le chocolat au bain-marie, le laisser tiédir et l'incorporer dans la seconde jatte.

4 Incorporer le zeste de citron dans la première jatte. Sur un plan de travail légèrement fariné, abaisser les deux pâtes en rectangles d'une épaisseur de 5 mm.

5 Étaler le rectangle de pâte au citron sur celui de pâte au chocolat. Rouler le tout fermement en s'aidant d'un morceau de papier sulfurisé. Mettre 1 heure au réfrigérateur.

6 Préchauffer le four à 190 °C (th. 6-7). Couper le rouleau en 40 tranches, puis déposer les tranches sur les plaques. Cuire 10 à 12 minutes au four préchauffé, jusqu'à ce que les biscuits soient légèrement dorés. Laisser refroidir sur une grille avant de servir.

Biscuits fourrés
au chocolat et à l'orange

Pour environ 15 biscuits

Ingrédients

- 225 g de beurre, ramolli
- 140 g de sucre en poudre
- 2 cuil. à café de zeste d'orange très finement râpé
- 1 jaune d'œuf, légèrement battu
- 2 cuil. à café d'extrait de vanille
- 250 g de farine
- 25 g de cacao en poudre
- 1 pincée de sel
- 100 g de chocolat noir, finement haché

Garniture au chocolat

- 125 ml de crème fraîche épaisse
- 200 g de chocolat blanc, brisé en morceaux
- 1 cuil. à café d'extrait d'orange

1 Préchauffer le four à 190 °C (th. 6-7). Chemiser deux plaques de four avec du papier sulfurisé.

2 Dans une jatte, battre le beurre en crème avec le sucre et le zeste d'orange, puis incorporer le jaune d'œuf et l'extrait de vanille. Tamiser la farine, le cacao et le sel dans la jatte, ajouter le chocolat haché et bien mélanger le tout.

3 Prélever des cuillerées à soupe de pâte et les façonner en billes, puis les déposer sur les plaques en les espaçant bien. Les aplatir légèrement et les lisser avec le dos d'une cuillère.

4 Cuire 10 à 15 minutes au four préchauffé, jusqu'à ce que les biscuits soient dorés. Laisser reposer 5 à 10 minutes, puis transférer délicatement sur une grille à l'aide d'une spatule et laisser refroidir complètement.

5 Pour préparer la garniture, porter la crème fraîche à ébullition dans une petite casserole, puis retirer la casserole du feu. Ajouter le chocolat et remuer de sorte qu'il fonde, puis ajouter l'extrait d'orange. Laisser refroidir complètement. Assembler les biscuits deux par deux avec la garniture.

Biscuits fourrés
croquants au miel

Pour environ 30 biscuits

Ingrédients

- 300 g de beurre, ramolli
- 140 g de sucre en poudre
- 1 jaune d'œuf, légèrement battu
- 2 cuil. à café d'extrait de vanille
- 280 g de farine
- 1 pincée de sel
- 40 g de noix de macadamia, de noix de cajou ou de pignons, hachés
- 85 g de sucre glace
- 85 g de miel liquide

1 Préchauffer le four à 190 °C (th. 6-7). Chemiser deux plaques de four avec du papier sulfurisé.

2 Dans une jatte, battre 225 g de beurre en crème avec le sucre à l'aide d'une cuillère en bois, puis incorporer le jaune d'œuf et l'extrait de vanille. Tamiser la farine et le sel dans la jatte, et bien mélanger le tout.

3 Prélever des cuillerées à soupe de pâte et les façonner en billes. Mettre la moitié des billes sur une plaque et les aplatir légèrement. Étaler les noix dans un plat peu profond et y passer les billes de pâte restantes de sorte que seule une face de chaque bille soit garnie. Mettre ces billes sur la seconde plaque, côté garni vers le haut, et les aplatir légèrement.

4 Cuire 10 à 15 minutes au four préchauffé, jusqu'à ce que les biscuits soient légèrement dorés. Laisser reposer 5 à 10 minutes, puis transférer délicatement sur une grille à l'aide d'une spatule et laisser refroidir complètement.

5 Battre le beurre restant en crème avec le sucre glace et le miel. Napper les biscuits nature avec la garniture obtenue et les couvrir avec les biscuits garnis.

Chapitre 4
Tartes et pâtisseries

Tarte au citron meringuée

Pour 6 personnes

Ingrédients

Pâte

- 150 g de farine, un peu plus pour saupoudrer
- 85 g de beurre, coupé en dés, un peu plus pour graisser
- 35 g de sucre glace, tamisé
- zeste finement râpé d'un demi-citron
- ½ jaune d'œuf, battu
- 1½ cuil. à soupe de lait

Garniture

- 3 cuil. à soupe de maïzena
- 300 ml d'eau
- jus et zeste râpé de 2 citrons
- 175 g de sucre en poudre
- 2 œufs, blancs et jaunes séparés

1 Pour préparer la pâte, tamiser la farine dans une jatte et incorporer le beurre avec les doigts de façon à obtenir une consistance de chapelure. Ajouter le sucre glace et le zeste de citron, puis le jaune d'œuf et le lait, et mélanger jusqu'à obtention d'une pâte homogène. Façonner la pâte en boule, la couvrir et la mettre 30 minutes au réfrigérateur.

2 Préchauffer le four à 180 °C (th. 6). Beurrer un moule à tarte de 20 cm de diamètre. Abaisser la pâte sur un plan de travail légèrement fariné de sorte qu'elle ait 5 mm d'épaisseur et en garnir le moule. Piquer la pâte à l'aide d'une fourchette, la chemiser de papier sulfurisé et garnir de billes de cuisson. Cuire 15 minutes au four préchauffé. Sortir le fond de tarte du four et retirer le papier et les billes. Réduire la température du four à 150 °C (th. 5).

3 Pour préparer la garniture, délayer la maïzena dans un peu d'eau de façon à obtenir une pâte homogène. Verser l'eau restante dans une casserole, ajouter le jus de citron, le zeste et la pâte de maïzena, et porter à ébullition sans cesser de remuer. Cuire 2 minutes, puis laisser tiédir et incorporer 5 cuillerées à soupe de sucre et les jaunes d'œufs. Verser la préparation dans le fond de tarte.

4 Monter les blancs d'œufs en neige ferme et incorporer le sucre en poudre restant. Répartir la meringue sur la tarte et la cuire encore 40 minutes au four préchauffé. Sortir la tarte du four, la laisser refroidir et servir.

Apple pie

Pour 6 à 8 personnes

Ingrédients

Pâte

- 175 g de farine
- 1 pincée de sel
- 85 g de beurre ou de margarine, coupés en dés
- 85 g de saindoux, coupé en dés
- 1 à 2 cuil. à soupe d'eau
- œuf battu ou lait, pour dorer

Garniture

- 750 g à 1 kg de pommes, évidées, pelées et coupées en lamelles
- 125 g de sucre roux ou blanc, un peu plus pour saupoudrer
- ½ à 1 cuil. à café de cannelle en poudre, de quatre-épices ou de gingembre en poudre
- 1 à 2 cuil. à soupe d'eau

1 Pour préparer la pâte, tamiser la farine et le sel dans une jatte et incorporer le beurre avec les doigts de façon à obtenir une consistance de chapelure. Ajouter juste assez d'eau pour obtenir une pâte ferme. Envelopper la pâte de film alimentaire et la mettre 30 minutes au réfrigérateur.

2 Préchauffer le four à 220 °C (th. 7-8). Abaisser finement les deux tiers de la pâte et en garnir un moule à tourte profond de 23 cm de diamètre.

3 Pour préparer la garniture, mélanger les pommes, le sucre et les épices, et répartir le tout dans le fond de tarte – la garniture peut remplir le moule jusqu'en haut. Ajouter l'eau si nécessaire, surtout si les pommes ne sont pas très juteuses.

4 Abaisser la pâte restante pour former le couvercle. Humecter les bords de la tourte et placer le couvercle dessus en pressant les bords. Égaliser les bords, puis les froncer.

5 Utiliser les chutes de pâte pour façonner des formes décoratives. Humecter le dessous de ces formes et les placer sur la tourte. Enduire la tourte d'œuf battu ou de lait, percer le centre du couvercle d'une ou deux incisions et mettre la tourte sur une plaque de four.

6 Cuire 20 minutes au four préchauffé, puis réduire la température du four à 180 °C (th. 6). Cuire encore 30 minutes, jusqu'à ce que la pâte soit légèrement dorée. Servir chaud ou froid, saupoudré de sucre.

Tarte à la citrouille

Pour 4 personnes

Ingrédients

Garniture
- 1,8 kg de citrouille
- 400 g de lait concentré en boîte
- 2 œufs
- 1 cuil. à café de sel
- ½ cuil. à café d'extrait de vanille
- 1 cuil. à soupe de sucre roux

Pâte
- 140 g de farine, un peu plus pour saupoudrer
- ¼ de cuil. à café de levure chimique
- 1½ cuil. à café de cannelle en poudre
- ¾ de cuil. à café de noix muscade râpée
- ¾ de cuil. à café de clou de girofle en poudre
- 50 g de sucre en poudre
- 55 g de beurre froid, un peu plus pour graisser
- 1 œuf

Crumble
- 2 cuil. à soupe de farine
- 4 cuil. à soupe de sucre roux
- 1 cuil. à soupe de cannelle en poudre
- 25 g de beurre froid, coupé en dés
- 85 g de noix de pécan, hachées
- 70 g de noix, hachées

1 Préchauffer le four à 190 °C (th. 6-7). Couper la citrouille en quartiers et retirer les graines et les membranes blanches. Placer les quartiers de citrouille, côtés coupés vers le haut, dans un plat à rôti. Couvrir de papier d'aluminium et cuire 1 h 30 au four préchauffé. Retirer la citrouille du four et laisser refroidir. Prélever la chair et la réduire en purée dans un robot de cuisine. Exprimer l'excédent de liquide, couvrir de film alimentaire et réserver au réfrigérateur.

2 Pour préparer la pâte, beurrer un moule à tourte de 23 cm de diamètre. Tamiser la farine et la levure dans une jatte et ajouter les épices et le sucre en poudre. Incorporer le beurre avec les doigts de façon à obtenir une consistance de chapelure, puis creuser un puits au centre de la jatte. Battre l'œuf et le verser dans le puits. Mélanger à l'aide d'une cuillère, puis façonner une boule avec les mains.

3 Mettre la pâte sur un plan de travail fariné et l'abaisser en un rond assez large pour recouvrir le moule. Garnir le moule avec la pâte et égaliser les bords. Couvrir de film alimentaire et mettre 30 minutes au réfrigérateur.

4 Préchauffer le four à 220 °C (th. 7-8). Pour préparer la garniture, mettre la purée de citrouille dans une jatte, puis incorporer le lait concentré et les œufs. Ajouter le sel, l'extrait de vanille et le sucre roux. Verser la garniture dans le fond de tarte et cuire 15 minutes au four préchauffé.

5 Pendant ce temps, préparer le crumble. Mélanger la farine, le sucre et la cannelle dans un bol, puis incorporer le beurre avec les doigts de façon à obtenir une consistance de chapelure. Ajouter les noix. Retirer la tarte du four et réduire la température du four à 180 °C (th. 6). Garnir la tarte de crumble et cuire encore 35 minutes. Retirer la tarte du four et la servir chaude ou froide.

Tarte du Mississippi

Pour 12 à 14 personnes

Ingrédients

Pâte

- 140 g de petits beurres
- 85 g de noix de pécan, finement hachées
- 1 cuil. à soupe de sucre roux
- ½ cuil. à café de cannelle en poudre
- 85 g de beurre, fondu

Garniture

- 225 g de beurre ou de margarine, un peu plus pour graisser
- 175 g de chocolat noir, haché
- 125 ml de golden syrup
- 4 gros œufs, battus
- 85 g de noix de pécans, finement hachés

1 Préchauffer le four à 180 °C (th. 6). Graisser un moule de 23 cm à fond amovible.

2 Pour préparer la pâte, mettre les petits beurres, les noix de pécan, le sucre et la cannelle dans un robot de cuisine et réduire en chapelure fine – ne pas réduire en poudre. Ajouter le beurre fondu et mixer de nouveau.

3 Transférer la chapelure dans le moule et la presser de sorte qu'elle remonte sur 4 cm sur les bords du moule. Couvrir et réserver au réfrigérateur.

4 Pour préparer la garniture, mettre le beurre, le chocolat et le golden syrup dans une casserole, chauffer à feu doux jusqu'à ce que le tout ait fondu. Laisser refroidir, puis incorporer les œufs et les noix de pécan.

5 Répartir la garniture dans le fond de tarte et lisser la surface. Cuire 30 minutes au four préchauffé, jusqu'à ce que la garniture ait pris mais soit toujours souple au centre. Laisser refroidir sur une grille et servir à température ambiante ou froid.

Tarte à la cerise

Pour 8 personnes

Ingrédients

Pâte

- 140 g de farine, un peu plus pour saupoudrer
- ¼ de cuil. à café de levure chimique
- ½ cuil. à café de quatre-épices
- ½ cuil. à café de sel
- 50 g de sucre en poudre
- 55 g de beurre froid, coupé en dés, un peu plus pour graisser
- 1 œuf battu, un peu plus pour dorer
- eau, pour souder

Garniture

- 900 g de cerises fraîches dénoyautées ou de cerises en boîte, égouttées
- 150 g de sucre en poudre
- ½ cuil. à café d'extrait d'amande
- 2 cuil. à café de liqueur de cerise
- ¼ de cuil. à café de quatre-épices
- 2 cuil. à soupe de maïzena
- 2 cuil. à soupe d'eau
- 25 g de beurre

- crème fouettée ou crème glacée, en accompagnement

1 Pour préparer la pâte, tamiser la farine et la levure dans une jatte et ajouter les épices, le sel et le sucre. Incorporer le beurre avec les doigts de façon à obtenir une consistance de chapelure, puis creuser un puits au centre de la jatte. Battre l'œuf et le verser dans le puits. Mélanger à l'aide d'une cuillère, puis avec les mains, jusqu'à obtention d'une pâte. Couper la pâte en deux et façonner des boules. Les envelopper de film alimentaire et les mettre 30 minutes au réfrigérateur.

2 Préchauffer le four à 220 °C (th. 7-8). Beurrer un moule à tourte de 23 cm de diamètre. Abaisser les boules de pâte en deux ronds de 30 cm de diamètre. Utiliser un des ronds pour couvrir le moule. Égaliser les bords en laissant 1 cm retomber hors du moule.

3 Pour préparer la garniture, mettre la moitié des cerises et le sucre dans une casserole, porter à ébullition et incorporer l'extrait d'amande, la liqueur et le quatre-épices. Dans une jatte, mélanger la maïzena et l'eau de façon à obtenir une pâte. Retirer la casserole du feu, incorporer la pâte de maïzena et remettre sur le feu. Chauffer jusqu'à épaississement de la préparation. Incorporer les cerises restantes et répartir le tout dans le fond de tarte. Parsemer de beurre.

4 Couper le second rond de pâte en lanières de 1 cm de largeur. Déposer les lanières en travers de la tarte en motif de treillage. Égaliser les bords et les sceller avec un peu d'eau. Froncer les bords avec les doigts, puis enduire les lanières d'œuf battu. Couvrir de papier d'aluminium et cuire 30 minutes au four préchauffé. Retirer l'aluminium et cuire encore 15 minutes, jusqu'à ce que la tarte soit dorée. Servir chaud accompagné de crème fouettée ou de crème glacée.

Tarte aux noix de pécan

Pour 8 personnes

Ingrédients

Pâte
• 200 g de farine, un peu plus
  pour saupoudrer
• 115 g de beurre
• 2 cuil. à soupe de sucre
  en poudre
• un peu d'eau froide

Garniture
• 70 g de beurre
• 100 g de sucre roux
• 140 g de golden syrup
• 2 gros œufs, battus
• 1 cuil. à café d'extrait de vanille
• 115 g de noix de pécan

1 Pour préparer la pâte, mettre la farine dans une jatte et incorporer le beurre avec les doigts de façon à obtenir une consistance de chapelure fine. Incorporer le sucre et juste assez d'eau pour obtenir une pâte ferme. Envelopper la pâte de film alimentaire et la mettre 15 minutes au réfrigérateur, jusqu'à ce qu'elle soit assez ferme pour être abaissée.

2 Préchauffer le four à 200 °C (th. 6-7). Abaisser la pâte sur un plan de travail légèrement fariné et en recouvrir un moule à tarte à fond amovible de 23 cm de diamètre. Piquer la pâte à l'aide d'une fourchette et mettre encore 15 minutes au réfrigérateur.

3 Mettre le moule sur une plaque de four, puis couvrir la pâte de papier sulfurisé et garnir de billes de cuisson. Cuire à blanc 10 minutes au four préchauffé. Retirer le papier et les billes, et cuire encore 5 minutes. Réduire la température du four à 180 °C (th. 6).

4 Pour préparer la garniture, mettre le beurre, le sucre roux et le golden syrup dans une casserole. Chauffer à feu doux jusqu'à ce que le tout ait fondu. Retirer la casserole du feu et incorporer rapidement les œufs et l'extrait de vanille.

5 Concasser les noix de pécan et les incorporer dans la casserole. Répartir la préparation sur le fond de tarte. Cuire la tarte 35 à 40 minutes au four préchauffé, jusqu'à ce que la garniture ait juste pris. Servir chaud ou froid.

Tarte aux amandes
et aux canneberges

Pour 8 à 10 personnes

Ingrédients

Pâte
- 150 g de farine, un peu plus pour saupoudrer
- 125 g de sucre en poudre
- 125 g de beurre, coupé en dés
- 1 cuil. à soupe d'eau

Garniture
- 200 g de beurre
- 200 g de sucre en poudre
- 1 œuf
- 2 jaunes d'œufs
- 40 g de farine, tamisée
- 175 g de poudre d'amandes
- 4 cuil. à soupe de crème fraîche épaisse
- 410 g d'oreillons d'abricots en boîte, égouttés
- 125 g de canneberges fraîches

1 Pour préparer la pâte, mettre la farine et le sucre dans une jatte, puis incorporer le beurre avec les doigts. Ajouter l'eau et mélanger jusqu'à obtention d'une pâte souple. Envelopper de film alimentaire et mettre 30 minutes au réfrigérateur.

2 Sur un plan de travail fariné, abaisser la pâte et en recouvrir un moule à tarte à fond amovible de 24 cm de diamètre. Piquer la pâte à l'aide d'une fourchette et mettre encore 30 minutes au réfrigérateur.

3 Préchauffer le four à 190 °C (th. 6-7). Garnir la pâte de papier d'aluminium et de billes de cuisson. Cuire 15 minutes au four préchauffé, puis retirer le papier et les billes, et cuire encore 10 minutes.

4 Pour préparer la garniture, battre le beurre en crème avec le sucre jusqu'à ce qu'il blanchisse. Incorporer l'œuf et les jaunes d'œufs, puis la farine, les amandes et la crème fraîche.

5 Répartir les oreillons d'abricots et les canneberges sur le fond de tarte et les couvrir de garniture.

6 Cuire environ 1 heure au four préchauffé, jusqu'à ce que la garniture ait pris. Laisser tiédir et servir chaud, ou servir froid.

Tarte au citron

Ingrédients

Pâte

- 200 g de farine, un peu plus
  pour saupoudrer
- 3 cuil. à soupe de poudre
  d'amandes
- 100 g de beurre, coupé en dés,
  un peu plus pour graisser
- 50 g de sucre glace, tamisé,
  un peu plus pour saupoudrer
- zeste finement râpé d'un citron
- 1 jaune d'œuf, battu
- 3 cuil. à soupe de lait

Garniture

- 4 œufs
- 250 g de sucre en poudre
- jus et zeste finement râpé
  de 2 citrons
- 150 ml de crème fraîche épaisse

- mascarpone ou crème
  fraîche et framboises fraîches,
  en accompagnement

1 Pour préparer la pâte, tamiser la farine dans une jatte, ajouter la poudre d'amandes et incorporer le beurre avec les doigts jusqu'à obtention d'une consistance de chapelure. Ajouter le sucre glace et le zeste de citron, puis le jaune d'œuf et le lait, et mélanger jusqu'à obtention d'une pâte homogène. Façonner une boule, couvrir et mettre 30 minutes au réfrigérateur.

2 Préchauffer le four à 180 °C (th. 6). Graisser un moule à tarte de 23 cm de diamètre. Abaisser la pâte sur un plan de travail légèrement fariné de sorte qu'elle ait 5 mm d'épaisseur, puis en recouvrir le moule. Piquer la pâte à l'aide d'une fourchette, puis la couvrir de papier sulfurisé et garnir de billes de cuisson. Cuire 15 minutes au four préchauffé.

3 Sortir le fond de tarte du four, puis retirer le papier et les billes. Réduire la température du four à 150 °C (th. 5).

4 Pour préparer la garniture, casser les œufs dans une jatte et incorporer le sucre, le jus de citron, le zeste et la crème. Répartir la garniture dans le fond de tarte et cuire 45 minutes. Retirer la tarte du four et la laisser refroidir, puis la saupoudrer de sucre glace Servir la tarte garnie de mascarpone ou de crème fraîche et de framboises fraîches.

Tarte à la ricotta,
au chocolat et aux noix

Pour 6 personnes

Ingrédients

Pâte
- 115 g de sucre en poudre
- 125 g de beurre, ramolli
- 2 jaunes d'œufs
- zeste finement râpé d'un citron
- 250 g de farine

Garniture
- 125 g de chocolat noir,
  brisé en morceaux
- 250 g de ricotta
- 40 g de sucre glace, un peu
  plus pour saupoudrer
- 2 cuil. à soupe de rhum ambré
- 1 cuil. à café d'extrait de vanille
- 100 g de noix, finement hachées

1 Préchauffer le four à 180 °C (th. 6). Mettre le sucre en poudre, le beurre, les jaunes d'œufs et le zeste de citron dans une jatte et bien battre le tout.

2 Ajouter la farine et mélanger avec les mains jusqu'à obtention d'une pâte souple. Envelopper la pâte de film alimentaire et la laisser reposer 10 minutes à température ambiante.

3 Pour préparer la garniture, faire fondre le chocolat au bain-marie. Mélanger la ricotta, le sucre glace, le rhum, l'extrait de vanille et les noix. Ajouter le chocolat fondu et bien mélanger.

4 Abaisser deux tiers de la pâte et en recouvrir un moule à tarte à fond amovible de 23 cm de diamètre. Répartir la garniture dans le fond de tarte et lisser la surface.

5 Abaisser la pâte restante, la couper en lanières et les déposer en travers de la tarte en forme de treillage. Poser le moule sur une plaque de four et cuire la tarte 35 à 40 minutes au four préchauffé, jusqu'à ce que la garniture soit ferme et dorée. Servir chaud, saupoudré de sucre glace.

Tarte à la noix de coco

Pour 8 personnes

Ingrédients

Pâte
- 1 fond de tarte prêt à la cuisson de 23 cm de diamètre

Garniture
- 2 œufs
- zeste râpé et jus de 2 citrons
- 200 g de sucre en poudre
- 375 ml de crème fraîche épaisse
- 250 g de noix de coco déshydratée

1 Préchauffer le four à 180 °C (th. 6). Pour préparer la garniture, mettre les œufs, le zeste de citron et le sucre dans un bol et battre le tout 1 minute.

2 Incorporer délicatement la crème fraîche, puis le jus de citron et enfin la noix de coco.

3 Répartir la garniture dans le fond de tarte et cuire 40 minutes au four préchauffé, jusqu'à ce que la tarte ait pris et soit dorée. Laisser reposer 1 heure, puis servir à température ambiante.

Tarte aux poires
et sa sauce au chocolat

Pour 6 personnes

Ingrédients

Pâte
- 100 g de farine
- 25 g de poudre d'amandes
- 60 g de margarine, un peu plus pour graisser
- 3 cuil. à soupe d'eau

Garniture
- 50 g de beurre
- 50 g de sucre en poudre
- 2 œufs, battus
- 100 g de poudre d'amandes
- 2 cuil. à soupe de cacao en poudre
- quelques gouttes d'extrait d'amande
- 400 g de demi-poires en boîtes au naturel, égouttées

Sauce au chocolat
- 4 cuil. à soupe de sucre en poudre
- 3 cuil. à soupe de golden syrup
- 100 ml d'eau
- 175 g de chocolat noir, brisé en morceaux
- 25 g de beurre

1 Préchauffer le four à 200 °C (th. 6-7). Graisser légèrement un moule à tarte de 20 cm de diamètre.

2 Tamiser la farine dans une jatte et ajouter la poudre d'amande. Incorporer la margarine avec les doigts de façon à obtenir une consistance de chapelure. Ajouter juste assez d'eau pour obtenir une pâte souple. Couvrir et mettre 10 minutes au congélateur, puis abaisser la pâte et en recouvrir le moule. Piquer la pâte à l'aide d'une fourchette et la réserver au réfrigérateur.

3 Pour préparer la garniture, battre le beurre en crème avec le sucre jusqu'à ce qu'il blanchisse. Incorporer les œufs, puis la poudre d'amandes, le cacao et l'extrait d'amande. Répartir la garniture dans le fond de tarte. Couper les poires en fines lamelles dans la longueur, puis les répartir sur la garniture en pressant légèrement. Cuire 30 minutes au four préchauffé, jusqu'à ce que la garniture ait levé. Laisser tiédir et démouler éventuellement sur un plat de service.

4 Pour préparer la sauce au chocolat, mettre le sucre, le golden syrup et l'eau dans une casserole et chauffer à feu doux sans cesser de remuer jusqu'à ce que le sucre soit dissous. Laisser bouillir 1 minute et retirer la casserole du feu. Ajouter le chocolat et le beurre, et mélanger jusqu'à ce qu'ils aient fondu. Servir avec la tarte.

Tarte aux prunes
façon crumble

Pour 8 à 10 personnes

Ingrédients

Pâte

- 175 g de farine
- 1 cuil. à soupe de maïzena
- ½ cuil. à café de levure chimique
- 100 g de beurre
- 40 g de noisettes, finement hachées
- 40 g de sucre en poudre
- 2 à 3 cuil. à soupe de lait

Garniture

- 400 g de prunes bien mûres
- 1 cuil. à soupe de maïzena
- 3 cuil. à soupe de sucre en poudre
- zeste finement râpé d'une orange

- crème fraîche ou yaourt à la grecque, en accompagnement

1 Préchauffer le four à 180 °C (th. 6) et mettre une plaque de four à chauffer.

2 Tamiser la farine, la maïzena et la levure dans une grande jatte et incorporer le beurre avec les doigts. Ajouter les noisettes et le sucre, et incorporer juste assez de lait pour lier la pâte.

3 Prélever un quart de la pâte, le couvrir et le mettre au réfrigérateur. Pétrir légèrement la pâte restante et la presser dans le fond d'un moule à tarte de 20 cm de diamètre à fond amovible.

4 Pour préparer la garniture, couper les prunes en deux, les dénoyauter et les couper en quartiers. Mélanger les prunes, la maïzena, le sucre et le zeste d'orange. Répartir ce mélange sur le fond de tarte.

5 Sortir la pâte réservée du réfrigérateur et l'émietter avec les doigts sur les prunes.

6 Mettre la tarte sur la plaque chaude et la cuire 40 à 45 minutes au four préchauffé, jusqu'à ce qu'elle soit dorée. Servir coupé en parts, accompagné de crème fraîche ou de yaourt à la grecque.

Tarte au citron
et au fruit de la passion

Pour 8 personnes

Ingrédients

Pâte
- 200 g de farine, un peu plus pour saupoudrer
- 1 pincée de sel
- 115 g de beurre, refroidi et coupé en dés
- 25 g de sucre glace
- 1 jaune d'œuf mélangé à 2 cuil. à soupe d'eau glacée

Garniture
- 4 fruits de la passion
- jus et zeste finement râpé d'un citron
- 150 ml de crème fraîche épaisse
- 4 cuil. à soupe de crème fouettée
- 85 g de sucre en poudre
- 2 œufs
- 2 jaunes d'œufs

Accompagnement
- sucre glace pour saupoudrer
- graines et pulpe d'un fruit de la passion

1 Pour préparer la pâte, tamiser la farine et le sel dans une jatte et incorporer le beurre avec les doigts de façon à obtenir une consistance de chapelure. Ajouter le sucre glace et le mélange de jaune d'œuf et d'eau. Pétrir la pâte ainsi obtenue sur un plan de travail fariné, puis l'envelopper de film alimentaire et la mettre 20 minutes au réfrigérateur.

2 Préchauffer le four à 200 °C (th. 6-7) et mettre une plaque de four à chauffer. Abaisser la pâte sur un plan de travail fariné et en recouvrir un moule à tarte à fond amovible de 23 cm de diamètre. Mettre 20 minutes au réfrigérateur.

3 Piquer la pâte à l'aide d'une fourchette, la couvrir de papier sulfurisé et garnir de billes de cuisson. Cuire 10 minutes au four préchauffé, puis retirer le papier et les billes. Cuire encore 5 minutes, jusqu'à ce que la pâte soit légèrement dorée. Réduire la température du four à 180 °C (th. 6).

4 Pour préparer la garniture, couper les fruits de la passion en deux et les évider. Filtrer le jus au chinois en réservant les graines et la pulpe. Presser la pulpe dans le chinois avec le dos d'une cuillère jusqu'à obtention de 75 ml de jus.

5 Dans une grande jatte, mélanger le jus de fruits de la passion, le zeste de citron, le jus de citron, la crème fraîche, la crème fouettée, le sucre, les œufs et les jaunes d'œufs. Répartir le mélange dans le fond de tarte.

6 Cuire 30 à 35 minutes au four préchauffé, jusqu'à ce que la garniture ait juste pris. Laisser refroidir complètement. Servir coupé en tranches, saupoudré de sucre glace et garni de pulpe et de graines de fruits de la passion.

Strudel aux poires
et aux noix de pécan

Pour 4 personnes

Ingrédients

- 2 poires mûres
- 55 g de beurre
- 55 g de chapelure blanche
- 55 g de noix de pécan, hachées
- 25 g de sucre roux
- zeste finement râpé d'une orange
- 100 g de pâte filo, décongelée si nécessaire
- 6 cuil. à soupe de miel de fleur d'oranger
- 2 cuil. à soupe de jus d'orange
- sucre glace tamisé, pour saupoudrer
- yaourt à la grecque, en accompagnement (facultatif)

1 Préchauffer le four à 200 °C (th. 6-7). Peler, évider et hacher les poires. Faire fondre 1 cuillerée à soupe de beurre dans une poêle, ajouter la chapelure et la faire dorer à feu doux. Transférer la chapelure dans une jatte, ajouter les poires, les noix de pécan, le sucre roux et le zeste d'orange. Faire fondre le beurre restant dans une petite casserole.

2 Réserver une feuille de pâte filo enveloppée dans du film alimentaire. Enduire les feuilles restantes de beurre fondu. Répartir un peu de garniture sur une feuille en laissant 2,5 cm de marge. Assembler le strudel en alternant les feuilles de pâte filo et la garniture. Arroser le sommet de jus d'orange et de miel.

3 Rabattre les largeurs sur la garniture et rouler le tout en partant d'une des longueurs. Transférer délicatement le strudel sur une plaque de four, l'enduire de beurre fondu et entourer sa base avec la feuille réservée froissée.

4 Cuire 25 minutes au four préchauffé, jusqu'à ce que le strudel soit doré et croustillant. Saupoudrer de sucre glace et servir chaud, accompagné de yaourt à la grecque.

Tarte tatin

1 Chauffer à feu doux une poêle de 20 cm de diamètre résistant à la chaleur du four. Ajouter le sucre et le faire caraméliser en veillant à ne pas le laisser brûler, puis ajouter le beurre et mélanger de façon à obtenir un caramel. Retirer la poêle du feu.

2 Peler les pommes et les couper en huit quartiers. Évider les quartiers et les mettre dans la poêle, sur le caramel, en une couche. Les pommes doivent remplir la poêle. S'il reste de la place, ajouter quelques quartiers supplémentaires. Chauffer à feu moyen et couvrir, puis laisser mijoter 5 à 10 minutes sans remuer, jusqu'à ce que les pommes aient absorbé un peu de sauce. Retirer la poêle du feu.

3 Préchauffer le four à 190 °C (th. 6-7). Abaisser la pâte de sorte qu'elle soit assez grande pour recouvrir la poêle et qu'elle retombe un peu sur les bords. Déposer la pâte sur les pommes et rabattre les bords à l'aide d'une spatule entre le fond de la poêle et les fruits. La pâte ne doit pas forcément être joliment disposée, elle se retrouvera tdessous lorsque la tarte sera démoulée.

4 Enfourner la poêle et cuire la tarte 25 à 35 minutes en veillant à ce que la pâte ne brûle pas. La pâte doit être gonflée et dorée. Sortir la tarte du four et la laisser reposer 30 minutes à 1 heure.

5 Pour servir, veiller à ce que la tarte soit tiède (la réchauffer un peu si nécessaire). Mettre une assiette sur la poêle, renverser le tout et démouler. Servir accompagné de crème glacée à la vanille.

Palmiers à la crème

Pour 8 personnes

Ingrédients

- 40 g de sucre cristallisé
- 225 g de pâte feuilletée
- 400 ml de crème fouettée
- 1 cuil. à soupe de sucre glace, tamisé
- quelques gouttes d'extrait de vanille
- 2 cuil. à soupe de confiture de fraises

1 Préchauffer le four à 220 °C (th. 7-8). Saupoudrer le plan de travail avec la moitié du sucre et abaisser la pâte dessus de façon à obtenir un rectangle de 25 x 30 cm.

2 Saupoudrer la pâte avec le sucre restant et presser délicatement avec un rouleau à pâtisserie. Enrouler les largeurs vers le centre, humecter les parties qui se touchent au centre et les presser l'une contre l'autre. Couper en 16 tranches.

3 Mettre les tranches sur une plaque humide et les aplatir légèrement à l'aide du rouleau à pâtisserie.

4 Cuire 15 à 18 minutes au four préchauffé, jusqu'à ce que les palmiers soient dorés et croustillants. Retourner les palmiers à mi-cuisson de sorte que les deux faces puissent caraméliser. Laisser refroidir sur une grille.

5 Fouetter la crème fraîche avec le sucre glace et l'extrait de vanille. Assembler les palmiers deux par deux avec la crème fouettée et la confiture, et servir rapidement.

Parfait en feuilleté
au chocolat

Pour 4 personnes

Ingrédients

- 3 gros blancs d'œufs
- 140 g de sucre en poudre
- 140 g de chocolat blanc, râpé
- 400 ml de crème fraîche épaisse, fouettée
- 350 g de pâte feuilletée
- 2 cuil. à soupe de chocolat fondu (facultatif)

1 Pour préparer le parfait, battre les blancs d'œufs avec le sucre dans une jatte résistant à la chaleur, puis placer la jatte sur une casserole d'eau frémissante. À l'aide d'un batteur électrique, monter les blancs d'œufs en neige légère et mousseuse. Cette opération prend environ 10 minutes. Retirer la jatte de la casserole, ajouter le chocolat et continuer à battre jusqu'à ce que la préparation ait refroidi. Incorporer enfin la crème fraîche épaisse.

2 Transférer le parfait dans un moule rectangulaire adapté à la congélation et le mettre 5 à 6 heures au congélateur.

3 Pendant ce temps, préchauffer le four à 180 °C (th. 6) et chemiser une plaque de four avec du papier sulfurisé. Abaisser la pâte feuilletée et la diviser en 8 rectangles aux dimensions du moule du parfait. Mettre les rectangles sur la plaque de four et les couvrir avec une seconde plaque, cela permettra à la pâte de rester plate mais croustillante. Cuire 15 minutes au four préchauffé, transférer sur une grille et laisser refroidir.

4 Environ 20 minutes avant de servir, sortir le parfait du congélateur. Dès que le parfait s'est attendri, le couper en 4 tranches. Dresser les tranches en « sandwich » avec les rectangles de pâte feuilletée et les arroser de chocolat fondu.

Tarte aux fruits express

Pour 8 personnes

Ingrédients

Pâte
- 175 g de farine, un peu plus pour saupoudrer
- 100 g de beurre, coupé en dés, un peu plus pour graisser
- 1 cuil. à soupe d'eau
- 1 œuf, blanc et jaune séparé
- morceaux de sucre blanc pilés, pour parsemer

Garniture
- 600 g de fruits préparés, de la rhubarbe, des groseilles à maquereau ou des prunes par exemple
- 85 g de sucre roux
- 1 cuil. à soupe de gingembre en poudre

1 Mettre la farine dans une grande jatte et incorporer le beurre avec les doigts de façon à obtenir une consistance de chapelure. Ajouter l'eau et mélanger jusqu'à obtention d'une pâte souple. Couvrir et mettre 30 minutes au réfrigérateur.

2 Préchauffer le four à 200 °C (th. 6-7). Graisser une grande plaque de four. Abaisser la pâte sur un plan de travail fariné en un rond de 35 cm de diamètre. Déposer ce rond au centre de la plaque et l'enduire de jaune d'œuf.

3 Pour préparer la garniture, mélanger les fruits, le sucre et le gingembre, puis répartir le mélange au centre du rond de pâte. Rabattre les bords de la pâte sur la garniture et enduire la surface rabattue avec le blanc d'œuf. Parsemer le tout de sucre pilé.

4 Cuire 35 minutes au four préchauffé, jusqu'à ce que la pâte soit dorée. Transférer la tarte sur un plat de service et servir chaud.

Cheesecake new-yorkais

Pour 10 personnes

Ingrédients

- 100 g de beurre, un peu plus pour graisser
- 150 g de petits beurres, finement émiettés
- 1 cuil. à soupe de sucre cristallisé
- 900 g de cream cheese (fromage frais crémeux)
- 250 g de sucre en poudre
- 2 cuil. à soupe de farine
- 1 cuil. à café d'extrait de vanille
- zeste finement râpé d'une orange
- zeste finement râpé d'un citron
- 3 œufs
- 2 jaunes d'œufs
- 300 ml de crème fraîche épaisse

1 Préchauffer le four à 180 °C (th. 6). Mettre le beurre dans une petite casserole et le faire fondre à feu doux, puis retirer la casserole du feu et incorporer les petits beurres émiettés. Presser le mélange dans le fond d'un moule à bords haut de 23 cm de diamètre. Cuire le fond de tarte 10 minutes au four préchauffé, puis le sortir du four et le laisser refroidir sur une grille.

2 Augmenter la température du four à 200 °C (th. 6-7). Dans un robot de cuisine, battre le cream cheese jusqu'à ce qu'il soit bien crémeux, puis incorporer progressivement le sucre en poudre et la farine. Augmenter la vitesse du robot et ajouter l'extrait de vanille, le zeste d'orange et le zeste de citron, puis les œufs et les jaunes d'œufs un à un. La consistance doit être légère et mousseuse – augmenter la vitesse du robot si nécessaire.

3 Beurrer les bords du moule et y répartir la garniture. Lisser la surface et cuire 15 minutes au four préchauffé, puis réduire la température à 110 °C (th. 3-4) et cuire encore 30 minutes. Éteindre le four et laisser reposer le cheesecake dedans. Couvrir et mettre une nuit au réfrigérateur.

4 Passer un couteau à bout rond le long des parois du moule pour en détacher le cheesecake, puis démouler, couper en tranches et servir.

Chapitre 5
Pains et gourmandises salées

Pain blanc

Pour 1 pain

Ingrédients

- 1 œuf
- 1 jaune d'œuf
- eau tiède
- 500 g de farine, un peu plus
  pour saupoudrer
- 1½ cuil. à café de sel
- 2 cuil. à café de sucre
- 1 cuil. à café de levure
  de boulanger déshydratée
- 2 cuil. à café de beurre
- huile, pour graisser

1 Dans un verre doseur, mettre l'œuf et le jaune d'œuf, bien battre et ajouter de l'eau tiède de façon à obtenir 300 ml.

2 Dans une jatte, tamiser la farine, le sel, le sucre et la levure, incorporer le beurre avec les doigts de façon à obtenir une consistance de chapelure et creuser un puits au centre. Ajouter le mélange à base d'œuf et mélanger jusqu'à obtention d'une pâte homogène.

3 Sur un plan fariné, pétrir la pâte 10 minutes, jusqu'à ce qu'elle soit souple et élastique. Mettre dans une jatte huilée, couvrir de film alimentaire et laisser lever 1 heure près d'une source de chaleur, jusqu'à ce qu'elle ait doublé de volume.

4 Huiler un moule. Sur un plan fariné, pétrir la pâte encore 1 minute, jusqu'à ce qu'elle soit homogène. Façonner un rectangle ayant la longueur du moule et trois fois sa largeur, replier en trois et placer dans le moule, côté pliure vers le bas. Couvrir et laisser lever 30 minutes près d'une source de chaleur, de sorte que la pâte dépasse du moule.

5 Cuire au four préchauffé 30 minutes à 220 °C (th. 7-8), jusqu'à ce que le pain soit doré et que la base sonne creux. Transférer sur une grille et laisser refroidir complètement.

Pain complet

Pour 1 petit pain

Ingrédients

- 225 g de farine complète, un peu plus pour saupoudrer
- 1 cuil. à soupe de lait en poudre écrémé
- 1 cuil. à café de sel
- 2 cuil. à soupe de sucre roux
- 1 cuil. à café de levure de boulanger déshydratée
- 1½ cuil. à soupe d'huile de tournesol, un peu plus pour graisser
- 175 ml d'eau tiède

1 Mettre la farine, le lait en poudre, le sel, le sucre et la levure dans une grande jatte. Ajouter l'huile et l'eau, et bien mélanger de façon à obtenir une pâte lisse.

2 Pétrir la pâte 10 minutes sur un plan de travail fariné, jusqu'à ce qu'elle soit homogène. Enduire une jatte d'huile. Façonner la pâte en boule, la mettre dans la jatte et mettre le tout dans un sac en plastique ou couvrir la jatte d'un torchon humide. Laisser lever la pâte 1 heure près d'une source de chaleur, jusqu'à ce qu'elle ait doublé de volume.

3 Huiler un moule à cake d'une contenance de 900 g. Pétrir la pâte 1 minute sur un plan de travail fariné. Façonner la pâte en un rectangle aussi long que le moule et trois fois plus large. Plier la pâte en trois dans la largeur et la mettre dans le moule. Couvrir et laisser lever encore 30 minutes, jusqu'à ce que la pâte ait atteint les bords du moule.

4 Préchauffer le four à 220 °C (th. 6-7). Cuire 30 minutes au four préchauffé, jusqu'à ce que le pain soit ferme et doré. Tester la cuisson du pain en tapotant sa base – elle doit sonner creux. Laisser refroidir sur une grille.

Pains naan à la coriandre

Pour 8 pains

Ingrédients

- 450 g de farine
- 2 cuil. à café de sucre
- 1 cuil. à café de sel
- 1 cuil. à café de levure chimique
- 1 œuf
- 250 ml de lait
- 2 cuil. à soupe d'huile
  de tournesol, un peu plus
  pour graisser
- 2 piments rouges frais, hachés
  (éventuellement épépinés)
- 15 g de feuilles de coriandre
  fraîche, hachées
- 2 cuil. à soupe de beurre,
  fondu

1 Tamiser la farine, le sucre, le sel et la levure dans une terrine. Battre l'œuf avec le lait et incorporer progressivement le mélange à la farine de façon à obtenir une pâte.

2 Transférer la pâte sur un plan de travail, former un creux au centre et y verser l'huile. Pétrir 3 à 4 minutes, jusqu'à ce que la farine ait absorbé toute l'huile et que la pâte soit homogène et souple. Envelopper la pâte de film alimentaire et laisser reposer 1 heure.

3 Diviser la pâte en huit, façonner les portions en boules et les aplatir légèrement. Couvrir les portions de film alimentaire et laisser reposer 10 à 15 minutes.

4 Préchauffer le gril 10 minutes à haute température, chemiser la grille de papier d'aluminium et l'huiler.

5 Abaisser les portions de pâte en ronds de 13 cm de diamètre, étirer légèrement un bord et les abaisser de nouveau de façon à obtenir des formes de gouttes de 23 cm de diamètre.

6 Mélanger les piments et la coriandre, répartir le mélange sur les naan en pressant.

7 Passer un naan 1 minute au gril, jusqu'à ce qu'il ait légèrement gonflé et qu'il présente des taches brunes. Le retourner immédiatement et le cuire encore 45 à 50 secondes, jusqu'à ce qu'il soit doré. L'enduire de beurre fondu et le réserver au chaud pendant la cuisson des autres naan.

Focaccia aux tomates
et au romarin

Pour 1 focaccia

Ingrédients

- 500 g de farine, un peu plus pour saupoudrer
- 1½ cuil. à café de sel
- 1½ cuil. à café de levure de boulanger déshydratée
- 2 cuil. à soupe de romarin frais haché, plus quelques brins pour la garniture
- 6 cuil. à soupe d'huile d'olive vierge extra, un peu plus pour graisser
- 300 ml d'eau tiède
- 6 demi-tomates séchées au soleil ou au four
- 1 cuil. à café de gros sel

1 Tamiser la farine et le sel dans un bol, incorporer la levure et le romarin, et ménager un puits au centre. Verser 4 cuillerées à soupe d'huile dans le puits et mélanger rapidement à l'aide d'une cuillère en bois. Incorporer progressivement l'eau tiède sans trop mélanger. Pétrir la pâte 2 minutes sur un plan de travail fariné. La pâte doit être assez humide, ne pas ajouter de farine.

2 Enduire les parois d'un bol d'huile d'olive. Façonner la pâte en boule, la mettre dans le bol et la couvrir d'un torchon. Laisser lever 2 heures près d'une source de chaleur, jusqu'à ce que la pâte ait doublé de volume.

3 Enduire une plaque d'huile. Sur un plan fariné, cogner la pâte avec les poings, puis la pétrir 1 minute. Mettre la pâte sur la plaque et l'étaler en une couche homogène. La couvrir d'un torchon humide. Laisser lever 1 heure près d'une source de chaleur.

4 Préchauffer le four à 240 °C (th. 8). Couper les demi-tomates en deux. Battre l'huile restante avec un peu d'eau. Plonger les doigts dans ce mélange et les presser sur la pâte pour former des petits creux. Saupoudrer de gros sel. Presser les tomates séchées sur la pâte, arroser avec le mélange d'huile et d'eau restant, et parsemer de brins de romarin.

5 Cuire la focaccia 20 minutes au four préchauffé, jusqu'à ce qu'elle soit dorée. Transférer sur une grille, laisser tiédir et servir.

Focaccia aux fines herbes

Pour 1 focaccia

Ingrédients

- 400 g de farine, un peu plus pour saupoudrer
- 10 g de levure de boulanger déshydratée
- 1½ cuil. à café de sel
- ½ cuil. à café de sucre
- 300 ml d'eau chaude
- 3 cuil. à soupe d'huile d'olive vierge extra, un peu plus pour graisser
- 4 cuil. à soupe d'un mélange de fines herbes fraîche hachées
- polenta, pour saupoudrer
- gros sel, pour saupoudrer

1 Mélanger la farine, la levure, le sel et le sucre dans un bol et ménager un puits au centre. Verser progressivement presque toute l'eau et 2 cuillerées à soupe d'huile d'olive dans le puits et mélanger jusqu'à obtention d'une pâte. Incorporer progressivement l'eau restante si nécessaire.

2 Pétrir la pâte sur un plan fariné, puis la mettre dans un bol et incorporer les fines herbes en pétrissant 10 minutes, jusqu'à ce que la pâte soit souple mais non collante. Laver le bol et enduire légèrement les parois d'huile d'olive.

3 Façonner la pâte en boule, la mettre dans le bol et la retourner de sorte qu'elle soit uniformément enduite d'huile. Couvrir hermétiquement avec un torchon ou du film alimentaire légèrement graissé. Laisser lever près d'une source de chaleur jusqu'à ce que la pâte ait doublé de volume. Pendant ce temps, saupoudrer une plaque de four de polenta.

4 Pétrir légèrement la pâte sur un plan de travail fariné. Retourner le bol huilé sur la pâte pour la recouvrir et laisser reposer 10 minutes. Pendant ce temps, préchauffer le four à 230 °C (th. 7-8).

5 Abaisser la pâte en un rond de 25 cm de diamètre et de 1 cm d'épaisseur. Déposer ce rond sur la plaque de four, couvrir avec un torchon et laisser encore lever 15 minutes.

6 Les doigts légèrement huilés, former des creux sur toute la surface du pain. Arroser avec l'huile restante et parsemer de gros sel. Cuire 15 minutes au four préchauffé, jusqu'à ce que le pain sonne creux lorsqu'il est cogné sur sa base. Laisser refroidir complètement sur une grille.

Pain plat à l'oignon et au romarin

Pour 1 pain

Ingrédients

- 450 g de farine, un peu plus pour saupoudrer
- ½ cuil. à café de sel
- 1½ cuil. à café de levure de boulanger déshydratée
- 2 cuil. à soupe de romarin frais haché, plus quelques brins pour la garniture
- 5 cuil. à soupe à l'huile d'olive vierge extra, un peu plus pour graisser
- 300 ml d'eau tiède
- 1 oignon rouge, finement émincé et séparé en anneaux
- 1 cuil. à soupe de gros sel

1 Tamiser la farine et le sel dans un bol, incorporer la levure et le romarin, et ménager un puits au centre. Verser 3 cuillerées à soupe d'huile d'olive et l'eau tiède dans le puits. Mélanger à l'aide d'une cuillère en bois jusqu'à ce que la pâte commence à s'amalgamer, puis avec les mains jusqu'à ce qu'elle se détache des parois du bol. La pétrir ensuite 10 minutes sur un plan de travail fariné, jusqu'à ce qu'elle soit lisse et élastique.

2 Enduire les parois d'un bol d'huile d'olive. Façonner la pâte en boule et la mettre dans le bol, puis la couvrir d'un torchon humide. Laisser lever 1 heure près d'une source de chaleur, jusqu'à ce que la pâte ait doublé de volume.

3 Huiler une plaque de four. Sur le plan de travail fariné, cogner la pâte avec les poings, puis la pétrir 1 minute. Abaisser ensuite la pâte en un rond de 30 cm de diamètre et la mettre sur la plaque. Couvrir la plaque avec un torchon humide, et laisser lever encore 20 à 30 minutes près d'une source de chaleur.

4 Préchauffer le four à 200 °C (th. 6-7). Former des petits creux sur toute la surface du pain avec le manche d'une cuillère en bois. Parsemer d'oignons, arroser d'huile et saupoudrer de gros sel. Cuire 20 minutes au four préchauffé, puis parsemer de brins de romarin et cuire encore 5 minutes, jusqu'à ce que le pain soit bien doré. Laisser reposer sur une grille et servir chaud.

Pain irlandais

Pour 1 pain

Ingrédients

- 450 g de farine, un peu plus pour saupoudrer
- 1 cuil. à café de sel
- 1 cuil. à café de bicarbonate de soude
- 400 ml de babeurre

1 Préchauffer le four à 220 °C (th. 7-8).

2 Tamiser la farine, le sel et le bicarbonate de soude dans une jatte, ménager un puits au centre et y verser presque tout le babeurre.

3 Bien mélanger avec les mains. La pâte doit être très souple, mais pas trop humide. Si nécessaire, ajouter le babeurre restant.

4 Pétrir légèrement la pâte sur un plan de travail fariné et la façonner en une boule de 20 cm de diamètre.

5 Mettre la boule de pâte sur la plaque, tracer une croix au sommet et cuire 25 à 30 minutes au four préchauffé. Tester la cuisson du pain en tapotant sa base – elle doit sonner creux.

Bagels

Pour 10 bagels

Ingrédients
- huile végétale, pour graisser
- 350 g de farine, un peu plus pour saupoudrer
- 2 cuil. à café de sel
- 1 cuil. à soupe de levure de boulanger déshydratée
- 1 cuil. à soupe d'œuf battu
- 200 ml d'eau tiède
- 1 blanc d'œuf
- 2 cuil. à café d'eau
- 2 cuil. à soupe de graines de carvi

1 Graisser une jatte et deux plaques de four. Fariner une autre plaque. Tamiser la farine et le sel dans une autre jatte et ajouter la levure. Ménager un puits au centre, y verser l'œuf et l'eau, et mélanger jusqu'à obtention d'une pâte. Pétrir 10 minutes sur un plan fariné, jusqu'à ce que la pâte soit souple et homogène.

2 Façonner la pâte en boule, la mettre dans la jatte graissée et couvrir avec un torchon humide. Laisser lever 1 heure près d'une source de chaleur.

3 Pétrir vigoureusement la pâte 2 minutes sur un plan fariné et la diviser en dix. Façonner chaque portion en boule et laisser reposer 5 minutes. Les mains farinées, aplatir légèrement les boules, puis percer un trou au centre avec le manche fariné d'une cuillère en bois. Mettre les bagels sur la plaque farinée, couvrir avec un torchon humide et laisser lever encore 20 minutes près d'une source de chaleur.

4 Préchauffer le four à 220 °C (th. 7-8) et porter une casserole d'eau à frémissement. Plonger 2 bagels dans l'eau et les pocher 1 minute, puis les retourner et les pocher encore 30 secondes. Retirer de l'eau à l'aide d'une écumoire et égoutter sur un torchon. Répéter l'opération avec les bagels restants. Déposer les bagels sur les plaques huilées. Mélanger le blanc d'œuf et l'eau, et en enduire les bagels. Parsemer de graines de carvi.

5 Cuire 25 à 30 minutes au four préchauffé, jusqu'à ce que les bagels soient dorés. Transférer sur une grille et laisser refroidir complètement.

Muffins anglais

Pour 10 à 12 muffins

Ingrédients

- huile végétale, pour graisser
  et cuire
- 450 g de farine, un peu plus
  pour saupoudrer
- ½ cuil. à café de sel
- 1 cuil. à café de sucre en poudre
- 1½ cuil. à café de levure
  de boulanger déshydratée
- 250 ml d'eau tiède
- 125 ml de yaourt nature
- 40 g de semoule fine

1 Graisser une jatte et fariner une plaque. Tamiser la farine et le sel dans une autre jatte et incorporer le sucre et la levure. Ménager un puits au centre et y verser l'eau et le yaourt. Mélanger jusqu'à ce que la préparation s'amalgame, pétrir jusqu'à obtention d'une pâte qui se détache des parois de la jatte. Pétrir encore 5 à 10 minutes sur un plan fariné, jusqu'à ce que la pâte soit homogène et élastique.

2 Façonner une boule et la mettre dans la jatte graissée. Couvrir avec un torchon humide et laisser lever 30 à 40 minutes près d'une source de chaleur.

3 Pétrir la pâte sur un plan fariné pour l'abaisser de sorte qu'elle ait 2 cm d'épaisseur. Découper 10 à 12 ronds à l'aide d'un emporte-pièce de 7,5 cm de diamètre et les saupoudrer de semoule. Mettre les ronds sur la plaque, couvrir et laisser lever 30 minutes près d'une source de chaleur.

4 Chauffer un gril en fonte ou une grande poêle à feu moyen à vif et enduire d'huile. Ajouter la moitié des muffins et les cuire 7 à 8 minutes de chaque côté, jusqu'à ce qu'ils soient dorés. Répéter l'opération avec les muffins restants.

5 Pour servir, couper les muffins en deux et les faire griller légèrement. Ces muffins se conservent 2 jours dans un récipient hermétique.

Pain au fromage
et à la ciboulette

Pour 8 personnes

Ingrédients

- 225 g de farine levante
- 1 cuil. à café de sel
- 1 cuil. à café de moutarde en poudre
- 100 g de fromage râpé
- 2 cuil. à soupe de ciboulette fraîche hachée
- 1 œuf, battu
- 2 cuil. à soupe de beurre, fondu, un peu plus pour graisser
- 150 ml de lait

1 Préchauffer le four à 190 °C (th. 6-7). Beurrer un moule carré de 23 cm de côté et chemiser le fond de papier sulfurisé.

2 Tamiser la farine, le sel et la moutarde en poudre dans un grand bol. Réserver 3 cuillerées à soupe de fromage râpé pour garnir le pain avant d'enfourner.

3 Incorporer le fromage restant et la ciboulette dans le bol. Ajouter l'œuf battu, le beurre fondu et le lait, et bien mélanger le tout.

4 Répartir la préparation dans le moule et lisser la surface à l'aide d'un couteau. Parsemer de fromage râpé.

5 Cuire 30 minutes au four préchauffé. Laisser reposer dans le moule, puis démouler sur une grille et laisser refroidir complètement. Servir coupé en triangles.

Pains aux tomates séchées
et aux olives

Pour 2 pains

Ingrédients

- 400 g de farine, un peu plus pour saupoudrer
- 1 cuil. à café de sel
- 1 sachet de levure de boulanger déshydratée
- 1 cuil. à café de sucre brun
- 1 cuil. à soupe de thym frais haché
- 200 ml d'eau tiède
- 4 cuil. à soupe d'huile d'olive, un peu plus pour huiler
- 55 g d'olives noires, dénoyautées et émincées
- 55 g d'olives vertes, dénoyautées et émincées
- 100 g de tomates séchées à l'huile, égouttées et émincées
- 1 jaune d'œuf, battu

1 Dans une terrine, mettre la farine, le sel et la levure, incorporer le sucre et le thym, et creuser un puits au centre. Verser progressivement l'huile et l'eau sans cesser de remuer jusqu'à obtention d'une pâte souple. Incorporer les tomates séchées au soleil et les olives, pétrir 5 minutes et façonner une boule.

2 Huiler une autre terrine, mettre la pâte dans la terrine et couvrir de film alimentaire. Laisser lever 1 h 30 près d'une source de chaleur, jusqu'à ce que la pâte ait doublé de volume.

3 Fariner une plaque. Pétrir légèrement la pâte, la couper en deux et façonner deux ovales. Mettre sur la plaque, couvrir de film alimentaire et laisser lever encore 45 minutes près d'une source de chaleur, jusqu'à ce que la pâte ait doublé de volume.

4 Pratiquer 3 incisions en biais sur chaque ovale, dorer au jaune d'œuf battu et cuire au four préchauffé 40 minutes à 200 °C (th. 6-7), jusqu'à ce que le pain soit bien cuit. La base tapotée doit rendre un son creux. Transférer sur une grille et laisser complètement refroidir.

Brioche tressée

Pour 1 brioche

Ingrédients

- 350 g de farine, un peu plus pour saupoudrer
- ½ cuil. à café de sel
- 115 g de beurre, bien froid et coupé en dés, un peu plus pour graisser
- 25 g de sucre en poudre
- 7 g de levure de boulanger déshydraté
- 2 œufs, battus
- 75 ml de lait chaud
- huile d'olive, pour graisser
- œuf battu, pour dorer

1 Tamiser la farine et le sel dans une jatte et incorporer le beurre avec les doigts de façon à obtenir une consistance de chapelure. Ajouter le sucre et la levure, et creuser un puits au centre.

2 Verser les œufs battus et le lait dans le puits et mélanger jusqu'à obtention d'une pâte souple. Pétrir la pâte 5 à 10 minutes sur un plan fariné, jusqu'à ce que la pâte soit souple et élastique. Saupoudrer de farine si la pâte devient trop collante.

3 Graisser une grande plaque de four. Diviser la pâte en 3 portions et les façonner en boudins de 35 cm de long. Poser les boudins côte à côte et les pincer ensemble à une extrémité. Tresser les boudins et les pincer ensemble à l'autre extrémité.

4 Déposer la tresse sur une plaque, la couvrir de façon lâche d'un film alimentaire huilé et la laisser lever 1 heure près d'une source de chaleur, jusqu'à ce que la tresse ait doublé de volume.

5 Préchauffer le four à 190 °C (th. 6-7). Enduire la tresse d'œuf battu et la cuire 30 à 35 minutes, jusqu'à ce qu'elle ait levé et qu'elle soit dorée. Couvrir de papier d'aluminium après 25 minutes de cuisson de sorte que la tresse ne noircisse pas. Servir chaud.

Muffins aux tomates
et au basilic

Pour 12 muffins

Ingrédients

- huile de tournesol, pour graisser
- 280 g de farine
- 1 cuil. à soupe de levure chimique
- 1 pincée de sel
- poivre noir du moulin
- 100 g de tomates séchées au soleil à l'huile, égouttées (huile réservée) et finement hachées
- 2 œufs
- 250 ml de babeurre
- 4 cuil. à soupe de feuilles de basilic fraîches
- 1 gousse d'ail, hachée
- 2 cuil. à soupe de parmesan fraîchement râpé

1 Préchauffer le four à 200 °C (th. 6-7). Graisser un moule à muffins à 12 alvéoles. Tamiser la farine, la levure, le sel et le poivre dans une jatte et ajouter les tomates séchées.

2 Mettre les œufs dans une autre jatte et battre légèrement, puis ajouter le babeurre, 6 cuillerées à soupe de l'huile des tomates, le basilic et l'ail. Creuser un puits au centre de la première jatte et y verser le contenu de la seconde jatte. Mélanger légèrement le tout et répartir la préparation dans les alvéoles du moule. Saupoudrer les muffins de parmesan.

3 Cuire 20 minutes au four préchauffé, jusqu'à ce que les muffins aient levé et soient dorés et fermes au toucher. Laisser reposer 5 minutes dans le moule puis servir chaud.

Muffins pimentés
à la polenta

Pour 12 muffins

Ingrédients

- 175 g de farine
- 4 cuil. à café de levure
- 175 g de polenta
- 2 cuil. à soupe de sucre
  en poudre
- 1 cuil. à café de sel
- 4 oignons verts, parés
  et finement hachés
- 1 piment rouge, épépiné
  et finement haché
- 3 œufs, battus
- 150 ml de yaourt nature
- 150 ml de lait

1 Préchauffer le four à 200 °C (th. 6-7). Garnir un moule à muffins à 12 alvéoles avec des caissettes en papier.

2 Tamiser la farine et la levure dans un grand bol et ajouter la polenta, le sucre, le sel, les oignons verts et le piment. Battre les œufs avec le yaourt et le lait, incorporer le mélange dans le bol et répartir le tout dans les caissettes en papier.

3 Cuire les muffins 15 à 20 minutes au four préchauffé, jusqu'à ce qu'ils aient levé, qu'ils soient dorés et juste fermes au toucher. Servir chaud.

Scones au pecorino
et aux noix

Pour 16 scones

Ingrédients

- 85 g de beurre, coupé en dés, un peu plus pour graisser
- 450 g de farine levante, un peu plus pour saupoudrer
- 1 pincée de sel
- 50 g de sucre en poudre
- 50 g de pecorino râpé
- 100 g de cerneaux de noix
- 300 ml de lait

1 Préchauffer le four à 200 °C (th. 6-7) et graisser une plaque de four.

2 Tamiser la farine et le sel dans une grande jatte et incorporer le beurre avec les doigts de façon à obtenir une consistance de chapelure. Ajouter le sucre, les noix et le fromage, puis incorporer assez de lait pour obtenir une pâte souple et homogène.

3 Abaisser délicatement la pâte sur un plan de travail fariné de sorte qu'elle ait 2,5 à 3 cm d'épaisseur. Découper des ronds à l'aide d'un emporte-pièce de 6 cm de diamètre, ou selon son goût. Déposer les ronds sur la plaque.

4 Cuire 15 minutes au four préchauffé, jusqu'à ce que les scones soient dorés et fermes au toucher. Laisser refroidir sur une grille.

Scones au fromage
et à la moutarde

Pour 8 scones

Ingrédients

- 50 g de beurre, coupé en dés, un peu plus pour graisser
- 225 g de farine levante, un peu plus pour saupoudrer
- 1 cuil. à café de levure chimique
- 1 pincée de sel
- 125 g de fromage râpé
- 1 cuil. à café de poudre de moutarde
- 150 ml de lait, un peu plus pour enduire
- poivre

1 Préchauffer le four à 220 °C (th. 7-8) et graisser une plaque de four.

2 Tamiser la farine, la levure et le sel dans une grande jatte, puis incorporer le beurre avec les doigts de façon à obtenir une consistance de chapelure. Ajouter le fromage, la moutarde et assez de lait pour obtenir une pâte souple.

3 Pétrir la pâte très légèrement sur un plan de travail fariné, puis l'aplatir en un rond de 2,5 cm d'épaisseur avec la paume des mains.

4 Couper le rond en 8 quartiers à l'aide d'un couteau tranchant. Enduire chaque quartier d'un peu de lait et saupoudrer de poivre.

5 Cuire 10 à 15 minutes au four préchauffé, jusqu'à ce que les scones soient dorés. Laisser tiédir sur une grille avant de servir.

Tarte aux asperges
et au chèvre

Pour 6 personnes

Ingrédients

• 250 g de pâte brisée
• 250 g d'asperges vertes
• 1 cuil. à soupe d'huile d'olive
• 1 oignon rouge, finement haché
• 25 g de noisettes, hachées
• 200 g de fromage de chèvre
• 2 jaunes d'œufs, battus
• 4 cuil. à soupe de crème
  fraîche liquide
• sel et poivre

1 Préchauffer le four à 190 °C (th. 6-7). Sur un plan légèrement fariné, abaisser la pâte et en recouvrir un moule à fond amovible de 24 cm diamètre. Piquer la pâte à l'aide d'une fourchette et la mettre 30 minutes au réfrigérateur.

2 Garnir le fond de tarte de papier d'aluminium, ajouter des billes de cuisson et cuire 15 minutes au four préchauffé.

3 Retirer le papier et les billes, et cuire encore 15 minutes.

4 Cuire les asperges 2 à 3 minutes à l'eau bouillante, les égoutter et les coupes en tronçons.

5 Chauffer l'huile dans une petite poêle, ajouter l'oignon et le faire revenir à feu doux en remuant de temps en temps jusqu'à ce qu'il soit tendre et légèrement doré. Répartir les asperges, l'oignon et les noisettes dans le fond de tarte.

6 Battre le fromage avec les œufs et la crème fraîche, ou mixer le tout dans un robot de cuisine. Saler et poivrer, puis répartir le tout sur les asperges.

7 Cuire 15 à 20 minutes au four préchauffé, jusqu'à ce que la garniture ait juste pris. Servir chaud ou froid.

Tarte aux oignons
et au parmesan

Pour 6 personnes

Ingrédients

- 250 g de pâte brisée
- 40 g de beurre
- 75 g de lardons
- 700 g d'oignons, pelés et émincés
- 2 œufs, battus
- 300 ml de crème fraîche épaisse
- 50 g de parmesan, fraîchement râpé
- 1 cuil. à café de sauge séchée
- sel et poivre

1 Abaisser la pâte sur un plan de travail fariné et en recouvrir un moule à tarte à fond amovible de 24 cm de diamètre. Piquer la pâte à l'aide d'une fourchette et mettre 30 minutes au réfrigérateur.

2 Préchauffer le four à 180 °C (th. 6). Chauffer le beurre dans une casserole, ajouter les lardons et les oignons, et les faire suer 25 minutes à feu doux, jusqu'à ce que les oignons soient tendres. Si les oignons commencent à brunir, ajouter 1 cuillerée à soupe d'eau dans la casserole.

3 Mélanger les œufs battus et la crème fraîche épaisse, puis incorporer le parmesan, la sauge, du sel et du poivre. Ajouter aux oignons. Répartir la préparation obtenue dans le fond de tarte.

4 Cuire 20 à 30 minutes au four préchauffé, jusqu'à ce que la tarte ait juste pris. Laisser reposer dans le moule, puis servir chaud ou froid.

Tourte à la pomme de terre

Pour 6 personnes

Ingrédients

- 750 g de pommes de terre, pelées et coupées en fines tranches
- 2 oignons verts, finement hachés
- 1 oignon rouge, finement haché
- 150 ml de crème fraîche épaisse
- 500 g de pâte feuilletée
- 2 œufs, battus
- sel et poivre

1 Préchauffer le four à 200 °C (th. 6-7). Graisser légèrement une plaque de four. Porter une casserole d'eau à ébullition, ajouter les pommes de terre et porter de nouveau à ébullition. Laisser mijoter 2 à 4 minutes, égoutter et laisser refroidir. Retirer l'excédent d'humidité avec du papier absorbant.

2 Mélanger les oignons verts, l'oignon rouge et les pommes de terre. Incorporer 2 cuillerées à soupe de crème fraîche, du sel et du poivre.

3 Diviser la pâte en deux. Abaisser une portion en un rond de 23 cm de diamètre. Abaisser la seconde portion en un rond de 25 cm diamètre.

4 Déposer le petit rond sur la plaque et le garnir du mélange à base de pommes de terre en laissant 2,5 cm de marge. Enduire la marge d'un peu d'œuf battu.

5 Couvrir le tout avec le grand rond de pâte et sceller en plissant les bords. Percer le centre de la tourte, enduire d'œuf battu et cuire 30 minutes au four préchauffé.

6 Mélanger l'œuf battu restant avec la crème fraîche restante, et verser le mélange dans la tourte par le trou percé au centre. Cuire encore 15 minutes, puis laisser refroidir 30 minutes. Servir chaud ou froid.